초판 1쇄 발행일	2018년 11월 17일
초판 1쇄 인쇄일	2018년 11월 27일

지은이　　김지영
그린이　　김찬호

펴낸이　　권성자
펴낸곳　　도서출판 아이북
디자인　　김지연
정보그림　　이희진
마케팅　　김정희

주　 소　　04016 서울 마포구 희우정로 13길 10-10, 1F 도서출판 아이북
전　 화　　02-338-7813~7814
팩　 스　　02-6455-5994
출판등록번호　　10-1953호 등록일자　2000년 4월 18일
이메일　　ibookpub@naver.com
도서문의　　www.makingbook.info

ⓒ김지영 *김찬호, 2018 Printed in Seoul, Korea

값 12,500원

ISBN 978-89-89968-39-9 73800

* 이 책에 게재된 모든 텍스트와 일러스트 및 사진자료는
　저작권자의 허락 없이 무단전재와 무단복제를 할 수 없습니다.

김지영 글 / 김찬호 그림

차 례

작가의말 … 책을 만나게 될 친구들에게!! 10

● 아시아 ●

마량의 신비한 붓 * 니하오, 중국
10

복숭아 소년 모모따로 * 곤니찌와, 일본
18

허풍쟁이 하치신 * 나마스떼, 인도
26

원숭이 엉덩이는 빨개 * 씬 짜오, 베트남
34

천국이 따로 있나 * 샬롬, 이스라엘
42

낙타 도둑은 무죄 * 쌀럼, 이란
50

● 유럽 ●

기쁨을 연주하는 하프 * 헬로, 영국
60

죽지 못하는 대장장이 * 봉쥬르, 프랑스
68

백조의 기사 로엔그린 * 구텐 탁, 독일
76

세상에서 가장 소중한 것 * 챠오, 이탈리아
84

땅 위를 달리는 배 * 모이, 핀란드
92

바실리사와 바바야가 * 즈드랏스부이체, 러시아
100

● 아메리카 ●

옥수수를 심은 인디언 * 하이, 미국
110

순록으로 변한 아바 * 하우아유, 캐나다
118

아무도 살지 못하는 집 * 올라, 브라질
126

돌이 된 지팡이 * 올라, 페루
134

달님의 따뜻한 선물 * 바에이샤빠, 파라과이
142

행복한 벌새가 된 아들 * 코모 에스타스, 아르헨티나
150

● 아프리카 오세아니아 ●

죽은 딸을 살려낸 어머니 * 살람 알라이쿰, 이집트
160

개구리의 꼬리가 없어진 까닭 * 하바리 가니, 탄자니아
168

부츠를 신고 태어난 아이 * 산누, 나이지리아
176

바오바브나무와 하이에나 * 사우보나, 남아프리카공화국
184

아기주머니가 생긴 캥거루 * 그다이 마잇, 오스트레일리아
192

가장 사랑받는 키위새 * 키아오라, 뉴질랜드
200

작가의 말

안녕(하이, 니하오, 나마스떼, 봉쥬르~), 친구들!

우리가 쿨쿨 잠을 잘 때, 지구의 반대편에서는 열심히 땀 흘리며 일을 하고,
우리가 신나게 물놀이를 할 때, 지구의 남쪽에서는 커다란 눈사람을 굴리지요.

여러분은 세계지도를 펼쳐 본 적이 있나요?
그 지도 안에서 내가 사는 곳이 어딘지 찾아본 적도 있을까요?
그랬다면 세계의 그 많은 나라가, 산들이, 바다가 나에게 말을 걸어오지는 않았나요?
"얘야, 나를 보러 올래?"
우와, 생각만 해도 가슴이 콩닥콩닥!
그래요. 세계는 아주 넓고 크지요.
게다가 각기 다른 모습의 수많은 사람이 어울려 살고 있으며,
상상도 할 수 없는 다양한 일들이 이 시간에도 펼쳐지고 있어요.
자세히 보아야 예쁘고, 오래 보아야 사랑스러운 풀꽃처럼,
우리가 사는 이 세계와 문화, 사람들도 자세히, 또 오래 보아야 조금씩 이해하게 된답니다.
나와 같은 점은 같은 대로, 나와 다른 것은 다름으로 인정하게 되어 존중하게 되지요.
우리가 많이 보고, 많이 느끼고, 많이 공부해야 하는 이유이기도 해요.

지구촌 곳곳에 나의 씩씩한 발자국을 남기며 여행할 수도 있지만 책을 통해서도 새로운 세상을 만날 수도 있답니다. 이 책에서는 옛날 할머니의 할머니, 그 이전부터 전해 내려오는 세계의 전래동화를 먼저 만나게 돼요. 우리나라 도깨비와 비슷하지만 붉은 피부에 뿔이 두 개 달린 오니 이야기, 절굿공이를 타고 다니며 뼈다리 마녀라 불린 바바야가 이야기, 땅 위를 달렸다는 배와 죽은 딸을 살려낸 어머니의 이야기도 있어요. 또 원숭이 엉덩이는 왜 빨개졌으며 개구리 꼬리는 왜 짧아졌는지 또 캥거루는 어떻게 아기 주머니를 갖게 되었고, 뿌리가 하늘을 향해 뻗게 된 모습으로 변한 바오바브나무 이야기까지 모두 흥미진진하고 재미가 있어 술술 읽히지요. 이렇게

오랜 세월 이야기가 전해 내려올 수 있었던 것은 그 속에 우리가 세상을 살아 나가는 데 꼭 필요한 지혜와 용기, 사랑이 담겨 있기 때문이랍니다. 또 이야기를 통해서 각 나라마다의 독특한 자연과 문화까지 스며들게 해주어 전래동화는 조상님들이 우리에게 남겨 준 보물창고라 할 수 있어요.

전래동화에 이어 각 나라의 독특한 문화 이야기도 우리의 궁금증을 자아내지요. 물감 총에 맞아도 화를 내기는커녕 더 즐거워지는 사람들, 7층 높이의 어마어마한 인형이 주인공이 되기도 하며 삼바리듬에 온 나라가 들썩거리는 축제 이야기, 또 비밀의 공중 도시 마추픽추, 30분 이상 쳐다보면 영혼을 빼앗긴다는 이구아수 폭포와 지상 최대의 동물 왕국 세렝게티 등을 이 책에서 모두 만나볼 수 있답니다.

어린이 여러분,

우리 친구들은 필요하다면 어디든 갈 수 있고, 또 간절히 원하고 노력한다면 세상에 그 무엇도 이루어낼 수 있는 멋진 미래가 여러분 앞에 기다리고 있어요. 참 근사한 일이지요?

얼굴에는 언제나 웃음꽃을 활짝 피우고, 내가 진정으로 하고 싶은 게 무엇인지 찾아보세요. 또 세상은 절대 혼자 살아 나갈 수 없기에 세상을 향한 작은 관심도 필요합니다. 현재보다는 조금 더 나은 내일, 모두가 행복한 세상을 만들기 위해 우리 친구들도 당당히 세계인으로서의 열린 마음과 너그러운 자세를 가져보세요. 그리고 늘 책을 가까이하면서 폭넓은 지식과 지혜를 쌓는 일도 잊으면 안 돼요. 꾸준함을 이길 수 있는 건 이 세상에 없답니다. 한 걸음씩 차근차근!

자, 이제 선생님과 함께 따스한 전래동화를 들으며 세계 곳곳의 여행을 시작해 볼까요?

우리 친구들과 어느 도서관 열람실에서 만나길 기대하며

김지영 선생님이…

● 아시아 ●

마량의 신비한 붓 * 니하오, 중국

복숭아 소년 모모따로 * 곤니찌와, 일본

허풍쟁이 하치신 * 나마스떼, 인도

원숭이 엉덩이는 빨개 * 씬 짜오, 베트남

천국이 따로 있나 * 샬롬, 이스라엘

낙타 도둑은 무죄 * 쌀럼, 이란

마량의 신비한 붓

중국, China

옛날 옛적, 중국의 어느 마을에 마량이라는 소년이 살고 있었어요.
　마량의 부모님께서는 안타깝게도 마량이 어릴 때 일찍 돌아가셨지요. 그래서 마량은 늘 외롭고, 힘들었어요.
　하지만 마량에게는 이루고 싶은 꿈이 있었어요.
　'나는 꼭 훌륭한 그림을 그리는 화가가 될 거야!'
　화가가 되기 위해서는 그림을 많이 그려야 했어요. 그래서 연습할 종이와 붓이 필요했지만 마량은 너무 가난해서 아무것도 살 수 없었지요. 그렇지만 씩씩한 마량은 실망하지 않았어요. 틈만 나면 어디서든 열심히 그림을 그렸지요.
　땅바닥에 굴러다니는 돌멩이나 나뭇가지로도 그렸으며 하다못해 손가락에 물을 묻혀

그리기도 했어요. 그렇게 하루하루 시간이 흐르자 마량은 이제 어떤 그림이든 척척 그릴 수 있게 되었답니다.

"세상에나, 마량의 그림을 보셨어요?"

"그럼요, 봤지요! 깜짝 놀랐지 뭐예요. 솥을 그린 그림을 보니 따뜻한 밥이 나올 것 같고요, 호랑이 그림은 당장에라도 "어흥!" 하면서 튀어나와 사람을 잡아먹을 것 같더군요."

"그러게 말이에요. 마량은 우리 마을의 자랑이에요!"

동네 사람들은 마량의 그림을 보며 입에 침이 마르도록 칭찬했어요.

그러던 어느 날, 마량이 깊은 잠에 빠졌는데 꿈속에서 머리와 수염이 새하얀 할아버지가 나타났어요.

"얘야, 마량아! 이 붓을 받아라. 그리고 꼭 좋은 그림을 그리도록 해라!"

마량이 깜짝 놀라 깨어보니 신기하게도 꿈에서 본 그 붓이 손에 쥐어져 있는 거예요.

'어라? 꿈이 아니었네! 이게 어떻게 된 일이지?'

멋진 붓이 생겨 신이 난 마량은 당장 날개가 커다란 새를 그려 보았어요.

그랬더니 그림 속의 새는 마량에게 인사를 하듯 날개를 힘차게 펄럭이고는 하늘 높이 날아가 버렸어요.

'아, 이건 신비한 요술 붓이야! 꿈에서 본 할아버지 말씀대로 이 붓으로는 반드시 좋은 그림만 그리겠어!'

그 날부터 마량은 신비한 붓으로 더 열심히 그림을 그렸어요.

너덜너덜 누더기 같은 옷을 입고 있는 사람에게는 근사한 새 옷을,

낡은 호미로 일하는 사람에게는 날이 선 호미를,

또 깜깜해도 불을 켜지 못하는 집에 가서는 환한 등잔도 그려 주었어요.

그랬더니 그림과 똑같은 물건들이 튀어나왔지요.

마량은 사람들을 위한 그림을 그릴 수 있게 되어 너무 행복했어요.

그런데 이 소문을 이웃 마을 욕심쟁이 부자가 듣게 되었지 뭐예요.
"뭐라고? 그런 가난뱅이에게 요술 붓이 있다고? 아이고, 배야! 아이고, 배야!"
욕심쟁이는 마량의 붓이 정말 갖고 싶었어요.
"배가 아파 도저히 안 되겠다! 어서 가서 마량을 데리고 오너라!"
욕심쟁이는 부하들을 시켜 마량을 자기 집으로 데리고 왔어요.
"마량아, 너의 붓이 신비하다고 들었는데 어서 색이 근사한 비단 한 필을 그려 보거라!"
"죄송하지만 저는 이 붓으로는 꼭 필요한 그림만 그립니다."

"내가 붓을 달라는 것도 아니고, 네 그림이 한번 보고 싶어 그러는구나!"

그리고는 다시 마량에게 화려한 비단 그림을 그려보라고 말했어요.

하지만 마량은 이번에도 꼼짝하지 않았지요. 화가 머리끝까지 난 욕심쟁이는 마량을 창고에 가두었어요.

'음, 어떻게 하면 내 말을 잘 듣게 해서 값비싼 비단을 그리라고 하지? 어떻게 해야 할까?'

깊은 고민에 빠진 욕심쟁이는 결국 마량을 굶기기로 했어요. 배가 고파지면 자신의 말을 잘 들을 거라고 생각했기 때문이지요.

며칠 뒤, 욕심쟁이는 힘없이 누워있을 마량을 생각하며 살며시 창고에 가보았어요.

하지만 욕심쟁이의 생각은 보기 좋게 빗나가고 말았지요.

마량이 글쎄 맛있는 음식을 잔뜩 그려놓고 신나게 먹고 있는 게 아니겠어요?

"아니 이런 괘씸한 놈을 보았나? 안 되겠다! 저놈의 붓을 당장 빼앗아라!"

하지만 마량은 재빨리 열쇠를 그려 창고를 빠져나왔어요. 그리고는 높은 사다리를 그려 담장을 넘었지요. 마지막으로 바람처럼 빠르게 달리는 말을 그려 멀리멀리 달아났어요.

고향을 떠나 새로운 곳에 도착한 마량은 그곳에서도 어려운 사람들에게 그림을 그려주며 살았어요.

그렇지만 신비한 붓에 대한 소문은 이제 임금님의 귀에까지 들어가게 되었지요.

임금님은 당장 마량을 잡아오라고 했어요. 이 나라의 임금님은 백성들을 괴롭히고, 못살게 구는 왕이었거든요.

"네가 그린대로 똑같이 나오는 신비한 붓을 가지고 있다고? 그렇다면 이 자리에서 번쩍번쩍 빛나는 황금을 그려 보거라!"

하지만 마량은 좋은 일이 아니라고 생각하여 임금님의 명령에 따르지 않았어요.

그러자 성질 급한 임금님은 마량이 들고 있던 붓을 빼앗아 자신이 직접 그리며 말했어요.

"나와라, 황금아! 눈이 부시도록 번쩍번쩍 빛나는 황금아, 어서 나와라!"

그런데 이게 웬일이에요?

그림 속에서 황금은커녕 큰 구렁이가 스르륵 기어 나오는 거예요. 그리고는 임금님의 몸을 둘둘 휘감아 조이기 시작했지요. 마량은 위험해진 임금님을 보고만 있을 수 없었어요. 그래서 구렁이에게 다가가 머리를 살살 쓰다듬자 몸이 점점 작아지더니 이내 사라져 버렸어요.

"이 요상한 붓은 네 말만 듣는구나! 그렇다면 네가 그려줘야겠다. 내가 지금 가슴이 몹시 답답하니 시원한 바다를 그려 보거라!"

마량이 어쩔 수 없이 넓고 푸른 바다를 그리자 이번에는 커다란 배를 그리라고 소리쳤어요.

배 그림이 완성되자 임금님은 그 배에 왕자님, 공주님, 그리고 신하들까지 잔뜩 태웠어요.

"마량아, 이제 우리가 즐겁게 뱃놀이를 할 수 있도록 산들산들 바람을 그려 보거라!"

마량이 산들바람을 그리자, 임금님은 기분이 좋아지셨어요.

"하하하. 좋구나, 좋아! 바람은 살랑살랑, 물결은 넘실넘실~"

그런데 기분 좋게 불던 바람이 갑자기 거센 바람으로 변했어요. 그리고는 물살이 세져 배가 심하게 흔들렸어요.

"어이쿠! 왜 이러지? 어서 멈춰라, 마량아! 이러다가 우리 모두 물귀신이 되겠다!"

하지만 바람이 더욱 세차게 불면서 임금님이 탄 배는 그만 홀딱 뒤집히고 말았어요. 그리고는 깊은 바다로 서서히 가라앉아 버렸지요.

이 모습을 모두 지켜본 마량은 깊은 슬픔에 잠겼어요.

그 후 마량은 신비한 붓을 들고 어디론가 사라져 다시는 사람들 앞에 나타나지 않았답니다.

니하오 你好, 중국

😊 세상의 중심은 나야, 나! 😊

　전 세계 다섯 사람 중의 한 명은 중국 사람이라 할 정도로 중국은 세계에서 인구가 제일 많아요. 게다가 땅덩어리도 커서 몽골, 인도 등 14개의 나라와 국경을 접하고 있지요. 러시아와 캐나다에 이어 세 번째로 큰데 그 크기가 무려 한반도 면적의 44배라고 하니 정말 어마어마하지요? 그래서 자연환경도 사람들이 살기 좋은 곳부터 무더운 지역, 사막, 매서운 추위를 자랑하는 곳까지 다양해요.

　중국은 국토가 큰 만큼 여러 민족(90% 이상의 한족과 55개의 소수민족)으로 구성되어 있어서 사는 지역에 따라 사람들의 생김새, 풍습, 사용하는 말이 조금씩 달라요. 하지만 오랜 세월이 지나는 동안에도 나라가 나누어지지 않고, 오로지 '중국'이라는 한 나라로만 유지해 오고 있어요. 또 '세계 4대 문명' 중의 하나인 '황하 문명'이 비옥한 황토 지대인 황하강을 중심으로 시작되어 갑골문자(거북의 등껍질이나 짐승의 뼈에 새긴 글자)가 발견되는 등 빛나는 역사와 전통을 자랑하지요. 그래서 일찍이 꽃피운 문화로 인해 중국 사람들은 자신들이 '문화의 중심'이자 '중국(中國, 가운데 있는 나라라는 뜻)'이란 이름답게 '세계의 중심'이라고 생각해요. 그래서 '중국인'이라는 자부심과 긍지는 정말 대단하지요.

　세계에서 가장 긴 성벽인 '만리장성', 세계 최대의 규모를 자랑하는 궁궐 '자금성', 얼굴은 희고 눈 주위에 까만 무늬가 있는 '판다', 손과 발을 이용하여 유연한 동작으로 공격하는 '쿵푸(=우슈)', 화려한 분장과 독특한 노래의 전통 연극인 '경극' 등이 중국을 상징한답니다.

🐼 위대한 발명품이 4가지나 있단다~ 🐼

세계적으로 잘 알려진 중국의 4대 발명품에는 '종이, 인쇄술, 나침반, 화약'이 있어요.

중국에서 만든 종이는 나무껍질과 마 등을 찧고 물을 적당히 섞은 뒤 얇게 펴서 말려 썼기 때문에 기존에 있던 종이보다 훨씬 값이 싸고, 보관도 쉬었어요. 또 인쇄술은 점토와 아교를 섞은 뒤 구워서 만들다가 발전하여 활자 인쇄를 하게 되었지요. 종이와 인쇄술은 많은 정보를 책으로 만들어 여러 사람이 보는 데 도움을 주었기 때문에 학문을 크게 발전시킬 수 있었어요.

비행기를 발명하기 전, 바다 건너 먼 곳을 가려면 배를 이용해야만 했어요. 그런데 바다에는 길이 따로 표시되어 있지 않아서 뱃사람들이 길을 잃는 일이 많았지요. 하지만 항상 남쪽을 가리키게 하는 '나침반'이 발명되면서부터 흐린 날이나 깜깜한 밤은 물론 먼 바다로 항해하는 것도 가능하게 되어 무역이 발달할 수 있었어요. 또 '화약'은 화려한 불꽃놀이나 신호를 하는 폭죽, 또 대포에 사용하는 무기로 만들어졌어요. 그런데 맨 처음에는 불로장생(不老長生, 늙지 않고 오래 사는 것)약을 만드는 과정에서 폭발하여 만들어진 것이랍니다. 그래서 화약의 이름이 '불이 붙는 약'이라는 뜻이라니 참 재미나지요?

🐼 네 발 달린 것이라면 책상 빼고 다 먹는다? 🐼

중국 사람들은 요리를 단순한 먹거리가 아닌 '예술'로 생각해서 음식의 맛은 물론이고, 색깔과 향기의 조화까지 중요하게 여겨요. 넓은 땅에서 다양한 사람들이 사는 만큼 음식의 종류도 많고, 식자재도 정말 풍부하지요. 제비들의 침으로 지은 제비집, 원숭이의 골, 곰의 발바닥, 상어의 지느러미 등도 요리의 재료가 된다고 해요. 그래서 '네 발 달린 것이라면 책상 빼고 다 먹는다'라는 말이 있을 정도예요. 음식을 먹을 때는 우리나라와 마찬가지로 젓가락으로 음식을 뒤적거리거나 소리 내어 씹지 않도록 조심해야 해요. 밥그릇은 보통 손에 들고 먹어요.

중국에는 기름진 음식이 워낙 많아서 차를 즐겨 마셔요. 담백한 차를 하루에도 여러 번 물처럼 자주 마셔서 차의 종류도 많고, 차 문화도 발달했답니다.

복숭아 소년 모모따로

 일본, Japan

까마득히 먼 옛날, 바다 건너 일본에 할아버지와 할머니가 살고 있었어요.

사이좋게 오순도순 사셨지만 자식이 없어 늘 쓸쓸했지요.

날씨가 좋은 어느 날, 할아버지는 산으로 나무를 하러 가고, 할머니는 강에서 빨래하고 있었어요. 쓱싹쓱싹 두드리고 비비며 깨끗이 빨래를 하고 있는데 강물에 둥둥 복숭아 한 개가 떠내려왔어요.

'이야, 아주 크고 달콤하게 생긴 복숭아네. 집에 가져가서 영감과 같이 먹어야겠다!'

집에 돌아온 할아버지와 할머니가 복숭아를 먹으려고 하는데 갑자기 반으로 쩍~ 갈라졌어요.

"아이고 세상에, 이게 뭐야?"

글쎄 복숭아 속에 귀여운 사내아이가 있는 거예요.
"우리에게 아이가 없어서 하늘에서 보내주셨나 봐요. 감사하기도 해라!"
"소중한 아기이니 정성껏 키워봅시다."
할아버지와 할머니는 매우 기뻐하며 복숭아에서 태어났다는 뜻으로 아기 이름을 '모모따로'라고 지었어요.
모모따로는 무럭무럭 건강하게 잘 자랐어요. 하나를 가르쳐 주면 열을 알았고, 힘도 아주 세며 용감했어요. 그래서 모모따로는 할아버지와 할머니의 자랑이었지요.
모모따로가 열다섯 살이 되었을 때 마을에 흉흉한 일이 벌어졌어요.
몸집이 크고 붉으며, 머리에는 큰 뿔이 솟아 있고, 날카로운 송곳니를 가진 '오니'들이 마을로 와서 사람들의 보물을 빼앗고, 아이들을 잡아가는 거예요.
모모따로는 사람들을 괴롭히는 오니들을 도저히 용서할 수 없었어요.
'안되겠다! 당장 가서 혼쭐을 내줘야겠어!'

모모따로는 오니들이 사는 섬으로 가야겠다고 결심했어요. 그래서 제일 먼저 '모모따로'라고 자신의 이름을 쓴 커다란 깃발을 만들었어요. 그리고 할아버지께는 튼튼한 갑옷을 만들어 달라고 부탁했지요.

갑옷이 완성되자 모모따로는 부모님께 큰절을 올렸어요.

"아버지, 어머니! 저를 잘 키워주셔서 감사합니다. 그 은혜에 보답하고자 제가 바다 건너 도깨비들이 사는 섬으로 가서 못된 오니들을 물리치고 오겠습니다. 건강하게 돌아올 테니 제 걱정은 하지 마셔요."

모모따로의 결심을 안 할머니께서는 수수경단을 정성껏 만들어 주셨어요.

커다란 깃발을 들고, 튼튼한 갑옷을 입은 모모따로는 이제 두려울 게 없었지요. 게다가 수수경단이 든 보자기까지 들자 기분도 좋아졌어요. 모든 준비를 마친 모모따로는 씩씩하게 집을 나섰지요. 한참을 가다가 개 한 마리를 만났어요.

"모모따로님, 어디 가세요?"

"사람들을 괴롭히는 오니들을 물리치러 간다."

"맛있는 냄새가 솔솔 나는 수수경단 좀 나눠주세요. 멍멍. 그럼 저도 함께 가겠습니다."

"오냐, 일본에서 제일 정성껏 빚은 수수경단을 줄 테니 나와 함께 오니들을 물리치러 가자!"

개는 맛있게 수수경단을 먹고는 약속대로 모모따로를 따라 길을 떠났어요.

가다가 이번에는 원숭이를 만났지요.

"모모따로님, 개와 함께 어디 가세요?"

"우리는 사람들을 괴롭히는 오니들을 물리치러 가지."

"가지고 계신 맛있는 수수경단을 조금 나눠 주시면 저도 힘이 되어 드릴게요."

경단을 먹은 원숭이까지 셋이서 함께 가고 있는데 이번에는 꿩을 만났지요.

"음~~~ 이 맛있는 냄새는 뭘까요? 저도 좀 주세요!"

"일본에서 제일 맛있는 수수경단을 줄 테니 너도 우리와 함께 오니들을 물리치러 가겠느냐?"

그렇게 해서 할머니께서 빚어 주신 수수경단을 먹은 개, 원숭이, 꿩은 모두 모모따로의 뒤를 따라 도깨비 섬으로 향했어요.

두둥, 두둥~

저기 멀리 오니들이 사는 섬이 보이네요.

도깨비 섬은 울퉁불퉁 커다란 바위들로 가득했어요. 그리고 한가운데 커다란 성이 있었지요. 성은 높다란 성벽으로 둘러싸여 있어 안으로 들어가기가 쉽지 않았어요.

개가 먼저 오니들의 섬을 쌩하니 돌며 성벽이 가장 낮은 곳을 찾아냈어요. 그러자 꿩이 그곳으로 푸드덕거리며 힘차게 성벽을 날아올랐고, 원숭이도 쏜살같이 뛰어올라 잠겨 있던 문을 열어 모모따로가 성 안으로 들어가게 했어요.

모모따로는 천지가 흔들리도록 큰소리로 외쳤어요.

"오니들은 모두 들어라! 어디 감히 도깨비 주제에 인간 세상에 와서 사람들을 괴롭히느냐? 나로 말할 것 같으면 복숭아에서 나온 모모따로님이시다! 어서 나와 항복해라!"

모모따로를 본 오니들은 어처구니가 없었어요.

"우헤헤헤헤, 너 같이 어린 꼬마가 우리들과 겨뤄보겠다고?"

"얘들아, 이것들은 우리가 누군지 모르는 모양이다! 모두 잡아서 혼쭐을 내주자!"

커다란 덩치의 두목 오니가 소리치자, 붉은 오니들은 춤을 추듯 어깨를 들썩이며 무시무시한 쇠 방망이를 휘두르기 시작했어요. 그러자 모모따로가 먼저 힘찬 주먹과 날쌘 발차기로 오니들을 쓰러뜨렸지요.

개는 튼튼한 이빨로 오니의 다리를 깨물었고, 원숭이는 끽끽거리며 날카로운 손톱으로 오니의 얼굴을 할퀴었으며, 꿩은 날개를 퍼덕이며 뾰족한 부리로 오니의 가슴팍을 쪼아댔어요.

오니들은 깜짝 놀랐어요.

"어이쿠, 이 조그만 것들이 이렇게 용감하다니!"
"어리다고 얕잡아 봤다가 우리가 당했구나! 얘들아, 모두들 항복하자!"
오니들은 무릎을 꿇고 두 손 모아 싹싹 빌며 살려달라고 애원했어요.
"모모따로님, 살려주세요! 제발 살려만 주세요. 저희가 잘못했습니다."
"좋다! 너희가 잘못을 구하니 이번만큼은 용서해 주겠다. 하지만 한 번만 더 사람들을 괴롭히면 그땐 절대 살려두지 않겠다."
"네, 알겠습니다. 다시는 나쁜 짓을 하지 않겠습니다."
"알겠다. 그럼 이제 너희가 훔쳐간 것들을 모두 가져오너라!"
고분고분해진 오니들은 훔쳐 간 보물들을 모두 가져왔고, 아이들도 풀어주었어요.
"자, 모두 그리운 집으로 돌아가자!"
모모따로는 개, 원숭이, 꿩과 함께 아이들을 데리고 콧노래를 부르며 마을로 돌아왔어요.
그리고는 마을 사람들에게 보물도 공평하게 나누어 주었지요.
"모모따로, 최고!!!"
아이를 찾고 보물까지 받은 사람들은 모두 모모따로에게 감사의 인사를 했어요.
드디어 모모따로는 자신을 기다리고 있는 정겨운 집으로 올 수 있었지요.
집에는 김이 모락모락 나는 맛난 음식들이 모모따로를 기다리고 있었어요.
"아이고, 우리 아들 장하고 기특하구나! 어서 와서 함께 식사하자구나!"
그 이후 모모따로는 부모님을 지극정성으로 모시며 오래오래 행복하게 잘 살았답니다.

곤니찌와 こんにちは, 일본

🌸 다른 사람에게 폐를 끼치면 아니 되오! 🌸

아주 오랜 옛날에는 우리나라와 일본이 붙어 있었대요. 그러다가 지구의 기후가 급격히 변하면서 빙하기가 끝날 무렵, 얼음이 녹은 물로 인해 바닷물이 높아져 일본은 섬나라가 되었다고 해요. 지금은 '홋카이도, 혼슈, 시코쿠, 규슈' 이렇게 네 개의 커다란 섬과 수천 개의 작은 섬으로 이루어졌어요. 이처럼 일본은 '섬나라'라는 특성상 바다로 둘러싸여 있어 예전에는 사람들끼리 다툼이 있어도 나갈 수가 없었지요. 그래서 일본 사람들은 '와(和)(화), 모두가 화합하려는 마음'이라고 하는 정신을 중요하게 생각해요. 상대방의 입장을 미리 헤아려 서로 불편하지 않도록 하며 자신을 낮추고 말과 행동을 조심해요. 또 질서를 잘 지키는 것은 물론 자기 역할을 충실히 하며 나보다는 집단, 더 나아가서는 국가를 더 중요하게 생각한답니다.

아시아의 동쪽에 위치한 우리나라, 일본, 중국은 지리적으로 가까워 오랫동안 서로 영향을 주고받아 왔어요. 그래서 많은 공통점을 가지고 있지요. 일단 중국에서 만들어진 한자와 유교(부모님께 효도하기, 나라에 충성하기 등을 중시하는 공자가 체계화한 사상), 불교(올바르게 생각하고 말하며 행동하기 등 부처님의 가르침을 따르는 종교) 사상이 우리나라와 일본에 전해져 공통된 문화를 갖는 데 중요한 밑바탕이 되었어요. 이 밖에도 젓가락을 사용하여 식사한다거나 불교의 영향을 받은 절, 탑, 석굴 등과 같은 유물이 많은 것, 웃어른을 만나면 허리를 굽혀 공손하게 인사하는 모습 등이 비슷하답니다.

🌸 일본 라멘은 꼬불거리지 않는다? 🌸

일본은 바다로 둘러싸인 섬나라인 덕분에 신선한 해산물을 이용한 요리가 많아요.
생선 한 조각을 얇게 썰어 밥 위에 얹어 놓은 '스시(생선 초밥)'가 일본의 대표적인 음식이에요. 보통 고슬고슬하게 지은 밥에 소금과 식초, 설탕으로 간을 한 다음 신선한 생선을 얹어 고추냉이(와사비)를 섞은 간장에 찍어 먹지요. 옛날에는 생선을 오래 보관하기 위해 내장을 빼고 소금에 절여 보관했어요. 그러다가 단맛이 나는 식초로 밥을 비빈 다음 네모난 상자에 넣고 생선을 얹어 돌로 눌러 놓았다가 먹었는데 이것이 오늘날과 비슷한 형태의 초밥이 되었지요.

사람들이 바쁘게 생활하면서 간단히 서서 먹을 수 있는 '야타이(우리나라의 포장마차와 비슷함)'가 생겨났어요. 여기서 가볍게 먹는 음식으로 '덴푸라(해산물, 채소 등을 달걀과 밀가루를 섞은 튀김옷을 입혀 기름에 튀겨낸 음식)'와 '오코노미야끼(철판에 양배추와 돼지고기 등을 넣어 빈대떡처럼 부쳐 먹는 음식)', '타코야끼(밀가루 반죽에 잘게 다진 문어, 파 등을 넣고 소스를 뿌려 먹는 음식)' 등이 있어요. 특히 우리나라에서 '라면'이라고 하는 일본식 '라멘(ラㅁメン)'이 있어요. 지역마다 대표하는 조리법이 다르지만 보통은 돼지고기 또는 닭고기, 된장 등으로 우려낸 육수에 밀가루로 만든 면을 삶아 양념을 얹어 먹어요. 우리가 즐겨 먹는 인스턴트 라면은 기름에 튀겨 꼬불꼬불한 면발이지만 일본에서는 밀가루를 즉석에서 삶아 면을 뽑아내고 기름을 사용하지 않은 자연 면이 대부분이라서 국수나 우동처럼 보인답니다.

🌸 뜨끈뜨끈 온천욕! 좋아, 좋아~ 🌸

일본은 환태평양 조산대에 위치하기 때문에 화산 폭발과 지진이 많이 나타나요. 크고 작은 지진 때문에 어릴 때부터 대피하는 방법과 행동을 배우며, 모든 건물도 지진에 강하게 짓고 있어요. 화산과 지진으로 위험하긴 하지만 그로 인해 멋진 경치와 온천 등 자연적인 관광자원은 풍부해졌지요. 특히 전국에 수천 개의 온천이 있는데 온천욕은 다쳤을 때나 피로를 푸는 데 큰 도움을 줘요. 일본 사람들은 비가 많이 오고 습도가 높은 탓에 목욕을 자주 하는 것은 물론 일본식 전통 주택에는 '다다미(바닥의 습기가 올라오지 않도록 속에 짚을 5cm가량의 두께로 넣고, 위에 돗자리를 씌워 꿰맨 것)'를 깐답니다.

허풍쟁이 하치신

 인도, India

먼 옛날, 인도에 하치신이라는 게으름뱅이 청년이 살고 있었어요.
어찌나 게으른지 온종일 아무 일도 하지 않고 잠을 자거나 빈둥빈둥 놀기만 했지요.
'아, 오늘은 또 뭐하지? 에라 모르겠다. 아무것도 하기 싫으니 낮잠이나 자야겠다.'
하치신은 시원한 강가로 갔어요.
그리고는 눕자마자 드르렁드르렁 코를 골기 시작했지요.
그때, 코끼리가 물을 마시려고 어슬렁어슬렁 강가로 오고 있었어요.
코끼리는 느릿느릿 걸어오다가 그만 지나가던 뱀의 꼬리를 밟고 말았지요.
"아이쿠!"
꼬리가 밟힌 뱀은 몹시 화가 났어요.

그래서 무서운 독을 가진 이빨로 코끼리의 다리를 꽉 깨물었지요.

"뿌우, 뿌우~~~~~"

코끼리는 너무 아파서 큰 소리로 울었어요.

그 소리에 놀라 잠이 깬 하치신도 화가 나서 얼떨결에 코끼리의 다리를 퍽 차버렸지요.

그랬더니 온몸에 뱀의 독이 퍼진 코끼리가 그만 비틀거리다 푹 꼬꾸라졌어요.

'이게 뭐야? 지금 내가 발로 차서 코끼리가 죽은 거야? 어떻게 이런 일이 일어난 거지?'

하치신이 놀라 주변을 살펴보니 무시무시한 뱀이 스르륵 지나가고 있었어요.

'아, 코끼리는 뱀에 물린 거였군! 그러면 그렇지!'

그런데 멀리서 이 장면을 마을 사람들이 지켜보고 있었지 뭐예요.

"어머나 세상에, 지금 우리가 본 게 하치신 맞아요?"

"일도 안하고 맨날 잠이나 자는 게으름뱅이 아니었나요?"
"몰랐네요, 몰랐어! 하치신이 아주 천하장사였군요. 코끼리를 단박에 쓰러뜨리다니요!"

하치신은 사람들이 잘못 알고 있다는 걸 알았지만 칭찬을 듣자 어깨를 으쓱이며 말했어요.

"하하하. 뭐 이 정도를 가지고 그러십니까? 코끼리가 뭐 별거인가요?"

이 소문은 온 나라에 퍼졌어요.

"하치신이라는 사내가 있는데 산더미 같은 코끼리를 한 방에 쓰러뜨린다는군요."
"코끼리를 발차기 한 번에요? 진짜 대단하네요!"

천하장사라고 소문이 난 하치신은 임금님의 부름을 받았어요.

"네가 그렇게 힘이 세다지? 앞으로 내 신하가 되어 나를 지키도록 해라!"
"네, 임금님! 오늘부터 임금님의 안전은 제가 책임지겠습니다. 맡겨만 주십시오."

그 날부터 하치신은 임금님의 신하가 되어 더욱 허풍을 떨며 으스댔어요.

"하하하. 코끼리도 쓰러뜨리고, 임금님의 신하도 되고…… 아주 멋진걸!"

그러던 어느 날, 이웃 나라에 사는 힘이 센 장사가 하치신을 찾아왔어요.

"이 나라에서 당신이 가장 힘이 세다고 들었소. 누가 더 힘이 센지 한번 겨루어 봅시다!"

하치신은 이웃 나라 장사를 보자 몸이 움츠러들었어요. 그리고 시합하기가 싫었어요. 하지만 지켜보는 사람들이 많았기 때문에 어쩔 수 없이 큰 소리로 말했지요. "하하하. 감히 코끼리도 한 방에 쓰러뜨리는 나에게 결투를 신청해? 좋다! 오늘은 이미 날이 저물었으니 내일 겨루어보자!"

"좋소. 구경꾼들이 우리의 시합을 들었으니 내일 이 자리에서 만납시다!"

사람들은 재미난 구경거리가 생겼다면서 모두 집으로 돌아갔어요.

그날 밤, 하치신은 자신이 가짜 천하장사라는 것이 들통날까봐 걱정이 되어 잠을 이루지 못했어요.

'아, 이를 어쩌나? 큰일 났네! 이웃 나라 장사를 보니 팔뚝도 어머어마하던 걸? 그 팔뚝에 한 대 맞았다간 상상도 하기 싫지만 난 아마 멀리 나가떨어질 거야. 시합을 해보나 마나 내가 질 게 뻔한데……. 어떻게 하지?'

근심하며 몸을 뒤척이던 하치신은 벌떡 일어났어요. 그리고는 보자기에 금은보화를 가득 담아서 몰래 이웃 나라 장사를 찾아갔어요.

'똑똑, 똑똑똑'

"하치신이 아니오? 어쩐 일로 이 한밤중에 나를 찾아온 것이오?"

"당신은 어차피 나와 시합해 봐야 지고 말 거야. 나는 사람을 다치게 하고 싶지도 않고, 몹시 귀찮아서 그러니 이것을 받고 떠나시오!"

그리고는 보자기를 내밀었어요.

보자기 안에 든 것을 본 이웃 나라 장사는 잠시 고민을 했어요. 시합하는 것보다 금은보화를 받고 떠나는 게 더 좋겠다고 생각했지요. 그래서 하치신에게 아침 일찍 자기 나라로 돌아가겠다고 약속을 했어요.

다음 날, 이웃 나라 장사가 하치신이 무서워서 시합도 하지 않고 돌아갔다는 소문이 쫙 퍼졌어요.

"역시 우리 하치신이 세상에서 가장 힘이 센가 봐요!"

소문이 부풀어 갈수록 하치신의 허풍도 날이 갈수록 커져만 갔지요.

"이제 이 세상에서 나보다 더 힘이 센 사람은 없다! 우하하하."

어느 무더운 여름날, 하치신이 시장을 돌아다니다가 맛있어 보이는 망고를 발견했어요.

"이봐, 과일 장수! 내가 지금 이 망고가 먹고 싶으니 열 개만 내놔!"

"뭐라고요? 그러면 돈을 내시오. 난 돈을 내지 않으면 절대 망고를 줄 수 없소."

"아니 내가 누군지 모르는 거냐? 나는 세상에서 가장 힘이 센 하치신이다!"

과일 장수는 깊은 산 속에서 왔기 때문에 하치신이 천하장사라는 소문을 못 들었거든요.

"다 필요 없소. 당신이 얼마나 힘이 센지는 몰라도 나는 돈을 내야만 망고를 줄 수 있소."

과일 장수도 물러서지 않았지요.

화가 난 하치신이 망고를 집어 먹으려 하자 과일 장수는 하치신에게 달려들었어요.

그리고는 둘이 엎치락뒤치락 싸움이 붙은 게 아니겠어요?

하치신이 힘을 쓰는가 싶었지만 금세 과일 장수가 하치신의 배 위에 올라탔어요.

과일 장수는 가볍게 하치신을 이기고 말했어요.

"뭐라고? 당신이 천하장사라고? 지나가던 개가 웃을 일이네. 하하하."

싸움을 지켜보던 사람들은 깜짝 놀랐어요.

그리고는 그동안 자신들이 하치신에게 속았다는 걸 알게 되었지요.

"과일 장수에게도 지는 사람이 무슨 천하장사야?"

"아무래도 우리가 그동안 저 게으름뱅이 하치신에게 속았나 봐요. 이제 보니 허풍쟁이에 거짓말쟁이였군요!"

하치신은 너무 부끄러웠어요.

하지만 그게 끝이 아니었지요.

임금님께서도 이 이야기를 들으시고는 크게 화를 내셨어요.

"네 이놈, 감히 나를 속여? 저놈을 당장 내쫓아라!"

궁궐에서도 쫓겨난 하치신은 온 나라의 웃음거리가 되고 말았답니다.

나마스떼 नमस्ते, 인도

🐄 물감 총에 맞아도 화내지 마셔요~ 🐄

인도는 세계에서 가장 높은 에베레스트 산을 포함하는 '히말라야 산맥('눈의 집'이라는 뜻으로 세계의 지붕이라 불림)'이 북쪽에 높이 솟아 있어요. 또 '아라비아 해'와 '인도양'이라는 바다에 둘러싸여 있지요. 세계 7위에 해당하는 커다란 땅에 중국 다음으로 인구가 많은 거대한 나라에요. 그래서 지역에 따라 기후와 인종, 언어, 종교 등이 매우 다양하지요.

전 세계 많은 사람이 믿는 힌두교와 불교가 생긴 나라이기도 해서 인도를 '신과 더불어 사는 종교의 나라'라고도 해요. 그만큼 인도 사람들에게 종교는 그들의 생각과 삶 자체라고 할 수 있어요. 여러 종교 중에서 국민의 80%가 힌두교를 믿어요. 그래서 힌두교를 모르면 인도의 문화를 이해할 수 없다고 하지요. 힌두교에는 많은 신(브라흐마, 비슈누, 시바 등)이 있으며 '소'를 아주 신성한 동물이라고 여겨요. 그래서 소고기를 먹지 않으며 거리에 소가 길을 건너가고 있으면 양보를 한답니다. 또 종교적 의미로 지상 최대의 컬러 축제인 '홀리 페스티벌((Holi Festival)'이 열려요. 힌두력(인도 달력)으로 한 해의 마지막 달인 12월의 보름날, 겨울이 끝나고 봄이 시작됐음을 알리는 축제이지요. 이 기간에 사람들은 떠들썩하게 거리로 나와 색 가루와 물감을 물총에 담아 쏘거나 풍선에 담아 신나게 던지는 것은 물론 가까이 있는 사람의 얼굴과 옷에 물감을 묻혀요. 그래도 아무도 화를 내지 않아요. 액운(나쁜 기운)을 막아준다고 생각하기 때문이랍니다.

갠지스 강에서 목욕하면 죄를 용서받는다?

인도 북부에서 시작하여 파키스탄을 거쳐 인도양으로 흘러가는 '인더스 강'이 있어요.
현재는 건조하고 황량한 지역이지만 아주 옛날에는 비옥하고 산림이 울창하여 사람들이 많이 모여 살면서 '인더스 문명'을 탄생시켰지요. 바로 인도의 역사와 문화가 태어난 곳이에요. 또 하나의 중요한 강으로 '갠지스 강'이 있어요. 갠지스 강은 '세상이 열릴 때 하늘에서 흐르던 강이 비슈누 신의 발가락에서 흘러나와 시바 신의 머리카락을 타고 흐르게 된 풍요의 강'이라고 여겨 인도인들이 가장 성스럽게 여기는 강이에요. 갠지스 강에서 몸을 씻으면 자신이 그동안 지은 죄가 깨끗하게 씻겨 용서받을 수 있다고 생각해요. 또 사람이 죽은 뒤에는 화장(불로 태움)하고 남은 뼛가루를 갠지스 강에 흘려보내면 좋은 곳으로 갈 수 있다고 믿지요. 그래서 힌두교를 믿는 사람이라면 죽기 전에 꼭 한 번 가보고 싶어 하며, 어린 아기를 목욕시키는 것부터 죽은 사람을 떠나보내는 것까지 갠지스 강에서 이루어지기를 간절히 소망한답니다.

먹을 때는 오른손, 화장실에서는 왼손!

인도 음식에는 월계수 잎, 카레, 참깨 등 향신료가 들어간 음식이 많아요. 향신료가 들어가면 음식이 빨리 상하지 않고, 냄새와 맛에 자극을 주기 때문에 식욕을 돋워주지요. 우리나라에서 인도 음식 하면 '커리(curry, 카레)'가 떠올라요. 우리는 주로 카레를 밥에 얹어서 먹지만 인도 사람들은 커리를 양고기나 닭고기와 함께 먹어요. 또 '차타피(chapati)'라고 해서 곡물가루에 물을 넣어 반죽한 다음 뜨거운 돌 위에 얹어 구운 납작한 빵을 거의 주식으로 하지요.
인도 사람들은 요리를 눈으로 보아 화려하거나 냄새가 좋은 것보다 손을 통해 느껴지는 것이 진정한 맛이라고 생각해요. 그래서 손으로 음식을 집어 먹어요. 쌀이 푸석푸석해서 젓가락이나 포크로 집기도 힘들고, 손에 잘 달라붙지 않기 때문에 편리한 점도 있어요. 하지만 절대 양손으로 음식을 집지는 않아요. 음식을 먹을 때는 오른손만 사용하고, 왼손은 더럽다고 생각해서 화장실에서만 사용해요. 그래서 인도에서는 밥을 먹기 전과 후에 반드시 손을 깨끗이 씻어야 한답니다.

원숭이 엉덩이는 빨개

베트남, Vietnam

아주 오랜 옛날, 베트남의 어느 마을에 욕심쟁이 구두쇠 영감이 살고 있었어요.

자신은 좋은 옷을 입고, 좋은 음식을 먹으며 풍족하게 살았지만 어려운 사람들을 거들떠보지 않았어요. 부인도 똑같았기 때문에 마을 사람들은 구두쇠 영감 부부를 아주 싫어했지요.

구두쇠 영감 집에는 부엌일을 하는 하녀 후엉이 있었는데 얼굴은 예쁘지 않았지만 마음씨가 아주 고왔어요.

어느 날 구두쇠 영감이 맛있게 식사를 하고 있는데 행색이 초라한 할머니가 문을 두드렸어요.

"여보세요! 문 좀 열어주세요. 지나가는 길인데 이 집에서 맛있는 냄새가 나네요. 오늘 온종일 아무것도 못 먹었어요. 이 늙은이가 너무 배가 고파서 그러니 찬 밥 한 덩어리만 주세요."

"뭐라고? 양심도 없는 할망구 같으니라고! 어디 일도 안 하고 밥을 달래? 우리 먹을 밥도 모자라니 썩 돌아가시오!"

구두쇠 영감은 후엉에게 거지 할머니를 쫓아버리라고 했어요. 하지만 후엉은 자신이 먹을 밥을 들고 살며시 밖으로 나갔지요.

"할머니, 정말 죄송해요. 좋은 음식을 드려야 하는데 이거라도 드세요. 그리고 우리 주인님을 용서하셔요."

"아이고, 마음씨 착한 아가씨로군! 고맙게 잘 먹으리다."

할머니는 게 눈 감추듯 밥을 먹고는 이야기했어요.

"내가 밥을 잘 얻어먹었으니 그 보답을 해야겠지. 며칠 뒤 아가씨는 뒷산에 가야 할 일이 생길 거야. 그때 동쪽으로 조금 걸어가면 샘물이 있을 테니 그 샘물에서 목욕하렴. 그러면 착한 마음씨를 가진 아가씨에게 반드시 좋은 일이 생길 거야."

할머니가 돌아가시고 며칠 뒤 구두쇠 영감이 후엉을 불렀어요.

"내가 지금 산나물이 매우 먹고싶으니 뒷산에 가서 나물을 캐오너라."

'어머나! 며칠 전에 할머니께서 하신 말씀이 맞았네. 꼭 샘물을 찾아가야겠어.'

후엉은 산에 올라가 나물을 캔 다음 할머니의 말씀대로 동쪽으로 조금 걸어가 보니 자그마한 샘물이 나왔어요.

'예전에 왔을 때는 없었는데 여기 이렇게 맑은 샘물이 있었네.'

후엉은 그 샘물에서 깨끗이 목욕을 하고, 산나물을 가지고 집으로 돌아왔어요.

그런데 신기한 일이 벌어졌어요. 다음 날부터 후엉이 몰라보게 예뻐지기 시작하는 거예요.

"아니 저게 누구래요? 우리 마을에 저렇게 예쁜 아가씨가 있었어요?"

"하하하. 잘 보세요. 구두쇠 영감 집에서 일하는 후엉이잖아요. 그런데 어쩜 저렇게 예뻐졌을까요?"

"그러게 말이에요. 누구에게나 친절하고, 착한 마음씨를 가져서 복을 받은 모양이에요."

마음씨도 곱고, 얼굴도 달처럼 환해진 후엉에게 마을 청년들이 몰려들었어요.

모두 후엉과 결혼을 하고 싶어서 귀한 보물을 들고 구두쇠 영감 집을 찾아온 거예요.

"영감님, 제가 후엉과 결혼하게 된다면 이 보물을 모두 어르신께 드리고, 부모님처럼 여기면서 잘 살겠습니다. 저와 결혼하게 해 주십시오."

구두쇠 영감은 마을의 청년들이 보물을 들고 와 자신을 부모님처럼 모시겠다며 모여들자 욕심이 생겼어요. 그래서 후엉을 자신의 딸로 삼아야겠다고 생각했지요.

구두쇠 영감이 후엉을 딸로 삼자 후엉은 부모님이 생긴 것에 대해 깊이 감사했어요.

"부모님이 안 계셔서 외롭던 저에게 부모님이 되어주시다니요. 이제 딸이 되었으니 전보다 더 성심껏 모실게요."

평화롭게 보내던 어느 날, 구두쇠 영감 부부는 딸이 된 후엉이 어떻게 갑자기 예뻐졌는지 궁금해졌어요.

"애야, 우리는 네가 예뻐지기 전부터 너를 딸처럼 생각하고 있었다는 건 알고 있지? 그런데 어떻게 그리 예뻐진 거냐?"

"아, 지난번 나물을 캐러 갔던 산에 샘물이 있는데 거기서 목욕을 한 다음부터 이렇게 모습이 변했답니다."

"오, 그래? 그게 비결이었구나!"

"여보, 우리도 가서 목욕합시다. 나는 미남이 되고, 당신은 미녀가 되겠구려. 하하하. 우리 부부가 멋진 모습으로 변하게 될 걸 상상하니 생각만 해도 좋구려."

다음 날 아침, 구두쇠 영감 부부는 마음이 들떠서 일찍 산으로 올라갔어요.

그리고는 작은 샘물을 찾아서 기분 좋게 목욕을 했지요.

하지만 어찌 된 일일까요?

목욕이 끝나자마자 온몸이 가렵기 시작했어요.

"여보, 몸이 근질근질해요. 예뻐지려는 걸까요? 왜 이렇게 가렵죠?"

"가려워도 좀 참아봅시다. 후엉이 긁으라고 하진 않았던 것 같으니……."

하지만 너무 가려워 어쩔 수 없이 온몸을 박박 긁었어요. 그랬더니 몸이 부어오르기 시작했어요. 그러면서 부어오른 자리가 털로 뒤덮이고, 급기야 못생긴 원숭이로 변하고 말았지요.

"아이고, 이를 어째? 이게 뭐예요?"

"여보, 우리가 털로 가득한 원숭이로 변한 거예요? 으악!"

"나쁜 계집애 같으니! 감히 우리를 속여? 당장 가서 혼내줍시다!"

원숭이로 변한 구두쇠 영감 부부는 화가 머리끝까지 나서 집을 향해 뛰어갔어요.

집에서 요리하고 있던 후엉에게 갑자기 전에 밥을 얻어먹었던 할머니가 나타났어요.
"애야, 지금 이럴 때가 아니야. 네가 위험하다! 어서 대문 앞에 모닥불을 활활 피워놓고, 얼른 몸을 피하거라. 어서!"
후엉은 이유를 모른 채 할머니가 시키는 대로 했지요.
잠시 후 씩씩대며 원숭이 두 마리가 대문을 박차고 들어왔어요.
그런데 그만 서둘러 뛰어들어오는 바람에 모닥불을 보지 못하고 그 위에 엉덩방아를 찧었어요.
"아이쿠, 이게 뭐야?"
"앗, 뜨거워!"
원숭이들은 뜨거워서 바닥에 데굴데굴 구르고, 펄쩍펄쩍 뛰었어요.
물속에 풍덩 들어갔지만 이미 엉덩이가 빨갛게 익어 버렸지 뭐예요.
원래의 모습으로 돌아가기에 이미 때는 너무 늦었어요.
벌써 모습도 보기 흉해졌고, 엉덩이는 털도 타버려 빨개져 버렸거든요.
서로의 모습을 본 부부는 기가 막혔어요.
"엉엉엉, 이를 어째요? 우리가 욕심을 많이 부려 벌을 받았나 봐요."
"창피해서 여기서는 못 살겠어요. 엉엉엉."
부끄러워서 더는 마을에 살 수 없게 된 원숭이 부부는 깊은 산으로 들어가 버렸어요.
이때부터 원숭이 엉덩이는 빨갛게 되었다고 전해 내려온답니다.

씬 짜오 Xin chào, 베트남

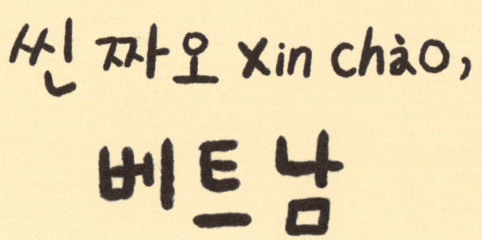

🏮 호로록 호로록~ 쌀국수 좋아하세요? 🏮

　베트남의 국토는 남북으로 좁고 길게 'S'자 형태로 뻗어 있어요. 산이 많아서 사람들은 대부분 해안 근처나 평야 지대에서 벼농사를 지으며 생활하는데 날씨가 따뜻하고 습도가 높아서 벼농사를 짓기에 알맞아요. 그래서 북부 지역은 1년에 2번, 중부와 남부지역은 3번이나 벼를 수확할 수 있다니 정말 대단하지요? 이처럼 베트남에서는 옛날부터 쌀이 많이 재배되어 쌀로 만든 음식이 많아요.

　쌀로 만든 음식 중에 '포(pho)'라고 불리는 쌀국수가 있어요. 베트남은 날씨가 더워 밥보다는 쌀을 가루로 빻아 물에 불린 다음 국수로 만들어 잘 말리면 보관도 아주 쉬웠지요. 게다가 쌀국수에 여러 가지 재료로 각기 다른 국물을 내어 먹기 때문에 다양한 맛을 즐길 수 있어요. 쫄깃하게 삶은 쌀국수에 닭고기 등으로 육수를 내고 숙주, 양파, 고수 등 신선한 채소를 듬뿍 넣어 먹으면 가볍게 먹을 수 있으면서도 영양가는 높고, 칼로리는 적어 많은 사람에게 건강음식으로 사랑을 받고 있지요. 또 '고이 꾸온(goi cuon)'이라고 해서 우리나라에서는 '월남쌈'이라 불리는 음식이 있어요. 고이 꾸온 역시 쌀가루로 만들었는데 종이처럼 얇고 투명한 피에 각종 해산물과 야채를 싸서 소스에 찍어 먹으면 아주 별미랍니다.

뜨거운 햇살 아래서는 '논'이 최고지~

베트남 여성들의 민속 의상을 '아오자이(Ao Dai)'라고 불러요.
'긴 옷'이라는 뜻으로 바지는 헐렁하지만 윗옷은 길고 허리 부분은 꼭 붙게 입는 것이 특징이지요. 어깨가 좁고 마른 몸매의 베트남 여성에게 잘 어울리는 옷이에요. 또 남녀노소 누구나 즐겨 쓰는 전통 모자인 '논(non)'이 있어요. 일 년 내내 덥고 비가 자주 오는 날씨 때문에 베트남 사람들은 해가 뜨거울 때는 햇빛을 가리거나 벗어서 부채로 사용해요. 또 비가 올 때는 우산으로 쓰고, 바가지 대용으로 물을 담아 마시거나 얼굴을 씻는 용도로도 사용하지요. 보통 얇게 자른 나무나 야자나무 잎을 엮어서 만드는데 원뿔형으로 생겨 우리나라의 '삿갓'과 비슷한 모양이에요.

베트남의 고유한 전통문화로 '수상인형극(Múa Rối Nước)'이 있는데 '물에서 춤추는 인형들'이란 뜻이에요. 논이나 연못의 가장자리에 관객들이 앉아 있으면 인형을 조종하는 사람들은 건너편에서 인형과 함께 물속에 몸을 담근 채 대나무 막대로 연결된 인형을 이리저리 돌리며 공연을 해요. 대사가 없어 인형들의 움직임을 보면서 내용을 이해하는데 이때 베트남의 전통 악기 연주자들이 힘차게 또는 조용하거나 슬프게 연주를 해서 분위기를 이끌어간답니다.

사랑해요, 호 아저씨!

베트남은 북쪽으로 중국을 접해 있어서 문화적으로는 중국의 영향을 많이 받았어요. 또 위치상 여러 나라를 이어주는 곳에 자리하고 있어 힘이 약할 때는 다른 나라의 침략을 많이 받았지요. 빼앗긴 나라를 되찾고자 세계 여러 나라를 돌아다니며 독립운동을 펼친 분이 바로 '호치민(Ho Chi Minh, 1890~1969)'이에요. 베트남의 독립을 위해 평생을 몸 바쳤으며 자신이 믿는 일은 끝까지 밀고 나가는 단호함이 있었어요. 하지만 어린이들과 보통 사람들에게는 온화한 성품으로 따뜻하게 대하여 사람들은 그를 옆집 아저씨 부르듯 '호 아저씨'라고 부르며 따랐어요. 베트남이 통일되자 사람들은 '사이공'이라는 아름다운 도시를 그들이 사랑하는 지도자의 이름인 '호치민'으로 바꾸었지요. 그 정도로 베트남 사람들의 호치민에 대한 애정은 특별하답니다.

천국이 따로 있나

🇮🇱 이스라엘, Israel

옛날 아주 먼 옛날, 이스라엘의 어느 마을에 게으른 가족이 살고 있었어요.

일하기는 싫어하면서 투덜대기를 좋아하는 온 가족이 어찌나 불만이 많은지 하루도 조용할 날이 없었지요.

"아버지, 동생들이 안 씻어서 냄새나요. 너무 더러워요!"

"어머니, 물 좀 가져다주세요. 제가 온종일 누워 있었더니 허리가 아파서요."

"얘야, 엄마도 허리 아프고, 힘들다. 너희가 직접 하렴."

온 가족이 일은 하지 않고, 불평만 가득했지요. 그래서 가족 모두 행복하지 않았어요.

게다가 식구는 많고, 집은 좁았어요. 방도 한 칸밖에 없었거든요.

"아버지, 방이 너무 비좁아요. 식구들이 모두 앉아 있으면 다리에 걸려 맨날 넘어진다니까요. 어떻게 좀 해 주세요. 네?"

"여보, 정말 우리 방은 돼지우리 같아요!"

청소하는 사람은 하나도 없고, 너도나도 집이 좁다고 투덜대기만 했지요.

아버지는 답답했어요. 돈이 없어서 넓은 집으로 이사할 수도 없는데 말이죠. 그래서 어떻게 하면 가족들이 모두 행복해 질 수 있을까 고민하기 시작했어요.

'아, 이 일을 어떻게 한담? 우선 우리 집을 좀 넓게 쓰는 방법은 없을까?'

그러다가 그 마을에서 가장 현명하기로 소문난 '랍비'가 생각났어요.

'그렇지! 우리에겐 랍비님이 계시지! 랍비님이라면 우리 가족의 고민을 반드시 해결해 주실 거야!'

아버지는 한걸음에 랍비를 찾아갔어요.

"랍비님, 고민이 있습니다. 저희는 방 한 칸에 온 식구가 사는데 집이 좁아 지옥 같다

고 모두 불만입니다. 큰 집으로 이사할 수도 없고, 방을 늘릴 수도 없는데 제 가족이 어떻게 하면 행복하게 살 수 있을까요? 제가 아무리 생각해도 방법이 없네요."

잠시 생각에 빠진 랍비가 말했어요.

"지옥 같은 집을 천국으로 만드는 방법이라면 내가 알고 있지요."

"정말이십니까? 랍비님, 뭐든 말씀하시는 대로 따르겠습니다."

아버지는 랍비가 돈이 없어도 새로 집을 지을 방법을 알려 주시지 않을까 기대하면서 다음 말씀을 기다렸어요.

그런데 뜬금없이 집에 가축이 몇 마리 있느냐고 물어보시는 거예요.

"예, 제집에는 소와 염소가 한 마리씩 있고, 닭이 다섯 마리 있습니다."

"알겠소. 집에 돌아가면 당장 마당에 키우던 그 가축들을 모두 방에 데리고 들어와 함께 살도록 하시오."

"아니 제가 잘못 들었나요? 지금도 방이 좁은데 일곱 마리나 되는 가축들을 방에요?"

"네, 꼭 그렇게 하셔야만 합니다."

아버지는 이상하게 생각하면서도 랍비를 믿었어요. 그래서 어쩔 수 없이 집에 돌아와서 가축들을 방에 데리고 들어왔지요.

소 한 마리, 염소 한 마리, 닭 다섯 마리.

"아버지, 이게 뭐예요? 그렇잖아도 좁은데 가축들과 한 방이라니요?"

"여보, 랍비님이 말씀하신 방법이 맞아요?"

가족들의 불평은 더 심해졌지만 랍비가 가르쳐 준대로 따를 수밖에 없었어요.

그날 밤 가족들은 한잠도 자지 못했어요.

불편하기는 가축들도 마찬가지였지요.

소는 '음매~ 음매~' 밤새 울어댔고, 염소도 '매애에에~' 하면서 폴짝폴짝 뛰어다녔으며, 닭들은 새벽부터 '꼬끼오~ 꼬꼬꼬꼬' 하면서 합창을 하고 쪼아댔거든요.

아버지는 다시 랍비를 찾아가서 방법을 물었어요.

"랍비님, 가르쳐주신 방법대로 해도 제집은 더 지옥 같습니다. 이를 어쩌지요?"
"그렇다면 오늘은 소를 내보내시오. 딱 소만 내보내셔야 합니다."
"네, 꼭 소만 내보내겠습니다."
아버지는 집에 돌아오자마자 소를 마당으로 내보냈어요.
소가 방에서 빠지자 좀 넓어지긴 했지요.
하지만 여전히 염소와 닭이 울어댔어요.
게다가 염소똥과 닭똥이 여기저기 뒹구니 발에 밟히고, 정신이 하나도 없었지요.
"아버지, 더럽고 시끄러워 죽겠어요!"
"아이고, 여보. 더는 못 살겠어요. 당장 가서 랍비님께 다시 방법을 배워오세요."
아버지는 어쩔 수 없이 또 랍비를 찾아갔지요.
"아니, 내 말을 다 따르겠다고 하더니 또 오셨소? 정 그렇다면 오늘은 염소만 자기 집으로 보내시오."

집에 돌아온 아버지는 이제 염소를 밖으로 내보냈어요.

그럼 그 날 밤은 조용했을까요?

아니요! 닭들이 남아 있잖아요.

닭들은 이제 방에 적응됐는지 이리저리 날아다니며 소란을 피웠어요.

새벽에 '꼬끼오~ 꼬꼬꼬꼬' 하고 울어대는 것은 여전했고요.

"여보, 닭들이 나를 밟고 쪼아대서 온몸에 상처가 났어요."

"아버지, 게다가 닭똥 냄새 너무 지독하네요. 으윽!"

며칠 동안이나 온 가족은 잠을 제대로 자지 못했어요.

그래서 가족 모두 랍비를 찾아가 애원했지요.

"랍비님, 부탁입니다. 저희가 집에서 사람답게 살 수 있도록 해주세요. 지금까지 알려주신 방법은 우리 집을 더욱 지옥으로 만들었답니다."

"제발 살려주세요!"

그러자 랍비는 미소를 지으며 말했어요.

"아, 그러셨어요? 그럼 이제 집에 돌아가셔서 닭들을 마당으로 돌려보내세요."

가족은 부리나케 집으로 달려왔어요.

그리고는 닭들을 마당으로 내보냈지요.

이제 넓어진 방을 보며 온 가족이 힘을 합쳐 청소하기 시작했어요. 냄새나고 더러운 소똥, 염소똥, 닭똥도 말끔히 치웠지요.

"우와, 만세! 만만세!"

"우리 방이 이렇게 넓고 깨끗하다니!"

"천국이 따로 있나? 우리 집이 천국일세!"

깨끗하고 넓어진 방에 앉아 보니 가족들은 랍비가 왜 이런 방법을 알려주셨는지 이해할 수 있었어요. 지혜로운 랍비님, 감사합니다!

샬롬 שלום, 이스라엘

 우리만이 하나님의 선택을 받았다!

이스라엘은 국토가 아주 작고 좁아서 북쪽에서 남쪽 끝까지 차로 9시간이면 달릴 수 있어요. 하지만 이스라엘이 있는 팔레스타인 지역은 성서에서 '가나안'이라 불리는 성스러운 곳이었어요. 아주 오랜 옛날에는 모세가 이끄는 유대민족이 가나안에서 살았으나 로마제국에 의해 멸망 당한 그 이후 아랍사람들이 살게 되었지요. 그때부터 2,000년 가까이 유대인들은 세계 곳곳에 뿔뿔이 흩어져 살고 있다가 다시 그 땅을 찾고자 모였지요. 드디어 1948년 독립전쟁에 승리하면서 이스라엘을 세웠어요. 유대인들에게는 기쁜 일이지만 주변국으로 쫓겨난 아랍인들 입장에서는 너무 억울한 일이었지요. 그래서 여러 번 전쟁을 치렀어요. 하지만 그 결과 이스라엘이 80%에 이르는 땅을 차지하게 되었지요. 그런 이유로 팔레스타인 지역은 아직도 분쟁이 끊이지 않는 곳이에요.

오랫동안 나라도 없이 떠돌던 유대인들이 어떻게 그렇게 똘똘 뭉칠 수 있었을까요? 그것은 '유대교'라는 종교 때문이에요. 유대교, 그리스도교, 이슬람교 모두 같은 하느님을 믿지만 가장 큰 차이점은 '예수님을 하느님의 아들이라고 인정하느냐'에 있어요. 유대교는 예수님을 구원자로 믿지 않아 아직도 구원자를 기다리는 유대인들의 민족종교에요. 하느님만을 '야훼'라고 부르며 섬기지요. 야훼께서 구세주를 보내 천국을 세울 것이라 믿으며 '야훼께서는 모든 백성 가운데 오직 유대인들만을 선택하셨고, 축복하신다.'고 굳게 믿는답니다.

우리에겐 지혜의 창고 '탈무드'가 있지~

유대교의 성서를 '토라(Torah)'라고 불러요.

그리고 '탈무드(Talmud)'는 '배움, 연구'라는 뜻으로 유대교와 관련되어있는 것은 물론 입에서 입으로 전해져 내려오던 정치, 경제, 문화, 전통 등을 모아서 정리해 놓은 책이에요. 여기에는 유대인들이 일상생활에서 지켜야 할 것들과 삶의 지혜, 교훈 등이 담겨 있어요. 또 어려운 문제를 슬기롭게 해결한 '랍비'의 가르침도 있지요. '랍비'란 히브리어로 '나의 선생님'이란 뜻이에요. 랍비는 유대교의 율법을 공부하고 가르치며 회당에서 집회를 이끌기도 해요.

유대인들에게는 '페사흐(Passover)'라는 뜻깊은 축제가 있어요. '유월절'이라고도 하는데 유대인들이 노예생활을 하던 이집트를 떠나 모세와 함께 홍해와 사막을 건너 가나안에 도착한 사건을 기념하는 것이에요. 하느님께서 이스라엘 민족을 선택해 구원하고 해방시켰다는 의미를 담고 있지요. 그래서 유대교 회당이나 성지 등에 모여 예배를 드리고 기도를 올려요. 페사흐는 7일 동안 이어지는데 이 기간에는 '맛초(Matzo)'라는 곡식 가루를 물로만 반죽해 구워낸 빵을 먹어요. 이것은 이스라엘인들이 이집트를 급히 떠나느라 효모로 부풀린 빵을 만들어 먹을 시간조차 없었던 일을 기억하기 위한 것이랍니다.

예루살렘에는 울부짖는 벽이 있다?

이스라엘의 수도 '예루살렘(히브리어로 '평화의 땅'이라는 뜻)'은 그리스도교, 이슬람교, 유대교에서 모두 성스럽게 여기는 곳이에요. 그리스도교에는 '성묘교회(예수님이 십자가를 지고 걸었다는 골고다 언덕이 있으며 최후의 만찬을 베푼 곳)', 이슬람교에는 '바위의

돔(무함마드가 승천한 발자국이 남아있는 황금색 돔으로 이루어진 사원이 있는 곳)', 유대교에는 '서쪽 벽'이라 불리는 긴 벽이 있는데 돌로 차곡차곡 쌓은 웅장한 벽이에요. 유대인들은 이 무너진 성벽 앞에 모여서 기도를 올리며 노래를 불렀는데 그 소리가 마치 벽도 슬퍼서 울부짖는 것처럼 들린다고 하여 '통곡의 벽'이란 이름이 붙여졌어요. 지금도 이곳에는 세계 각지에서 찾아온 사람들로 북적거려요. 유대인 남자들은 머리를 감춰야 해서 모자를 쓰고 기도하며, 종이에 소원을 적어 벽의 돌 틈 사이에 끼워 넣고 그 벽에 손을 대고 간절한 기도를 한답니다.

낙타 도둑은 무죄

이란, Iran

옛날 이란의 어느 마을에 핫산이라는 아들과 어머니가 가난하게 살고 있었어요.
"어머니, 배가 고파요. 맛있는 음식 좀 해 주세요."
"핫산, 엄마는 벌써 사흘째 물만 먹고 있는데 무슨 소리니? 먹고 싶은 게 있으면 네가 구해오렴!"

핫산은 집에 먹을 게 아무것도 없다는 사실이 너무 슬펐어요.

'우리도 다른 집처럼 먹을 것도 많고, 사고 싶은 것도 마음대로 살 수 있다면 얼마나 좋을까?'

다음 날, 핫산이 굶주린 배를 움켜쥐고 터벅터벅 걷고 있는데 이웃집 닭장에 주인이 없는 것을 보았어요. 그때 나쁜 생각이 들었지요.

'배가 고파서 그러니 달걀 딱 한 개만 가져가야겠다. 주인아저씨도 이해해 주시겠지? 딱 한 개, 정말로 딱 한 개인데 어떻겠어? 그렇지만 들키면 안 되니 살금살금~'

핫산은 뒤꿈치를 들고 가서 달걀 한 개를 몰래 주머니 속에 넣어 집으로 돌아왔어요.

"어머니, 달걀 한 개를 훔쳐왔어요. 주인아저씨가 안 계셨거든요. 진짜로 간이 콩알만 해지는 줄 알았다니까요. 이걸로 맛있는 요리를 해 주세요."

"얘야, 달걀 한 개를 가지고 무슨 요리를 하겠니? 세 개는 있어야지."

"네? 세 개나 있어야 한다고요?"

핫산은 가슴이 콩닥콩닥했지만 어쩔 수 없이 다시 가서 달걀 두 개를 몰래 양쪽 주머니에 넣어왔어요.

그런데 이번에는 처음에 훔쳤을 때보다 덜 두려웠어요.

"어머니, 달걀 두 개를 더 훔쳐왔어요! 이제 요리를 해주실 수 있겠지요?"

어머니께서는 아무 말씀도 하지 않으셨어요. 그리고는 달걀 세 개로 맛있는 음식을

해 주셨지요.

"와, 어머니께서 해주신 달걀 요리는 정말 꿀맛이에요!"

다음 날, 핫산은 빵이 먹고 싶었어요.

'빵을 먹으려면 뭐가 있어야지? 그래, 밀가루가 있어야지!'

그래서 이번에는 또 몰래 밀가루를 훔쳐왔지요.

어머니께서는 이번에도 아무 말씀도 하지 않으시고, 훔쳐온 밀가루로 달콤한 빵을 만들어 주셨어요.

핫산은 따뜻한 빵을 먹으며 생각했지요.

'이야, 재밌다! 훔쳐가도 아무도 모르고, 이제 배고플 일은 없겠어!'

핫산은 우유가 먹고 싶으면 고소한 우유를, 옷이 필요하면 멋진 옷을 훔쳐왔어요.

땀 흘려 일은 하지 않고, 자신이 원하는 물건을 마음대로 훔치는 진짜 도둑이 되었지요. 하지만 어머니께서는 예전처럼 아무 말씀도 하지 않으셨어요.

어른이 된 핫산은 여전히 도둑질하며 살았어요.

'오늘은 또 뭘 훔치러 갈까?'

고민하던 핫산은 갑자기 임금님께서 사시는 궁전에는 어떤 귀한 물건이 있을까 궁금해졌어요. 그래서 한밤중에 일어나 궁전의 담을 넘어갔지요.

'우와, 역시 내 예상대로 굉장한걸!'

궁전에 들어갔더니 모든 것이 신기하고, 값비싸 보이는 물건으로 가득해 눈이 휘둥그레졌지요. 그중에서도 건강하게 보이는 낙타가 가장 눈에 띄었어요.

'오, 그래! 오늘은 저 낙타를 훔쳐야겠다. 시장에 팔면 아주 비싼 값을 받아 부자가 될 수 있겠어!'

핫산이 낙타의 목에 줄을 감고는 살금살금 궁전 밖을 나오려고 했어요.

그런데 낙타가 놀라서 큰 소리를 내는 거예요.

"끼이이이이~ 끼이이이이~"

"이게 무슨 소리야? 낙타 울음소리가 아니냐? 당장 가서 낙타를 살펴보거라!"
궁전 안에는 병사들이 많이 있었거든요.
핫산은 꼼짝없이 낙타도둑으로 잡히고 말았지요.
날이 밝자 핫산은 임금님 앞에 끌려갔어요.
"네 이놈! 감히 나의 귀한 낙타를 훔치다니! 겁도 없이 궁전에 들어와 도둑질하는 네가 정신이 있는 놈이냐!"
핫산은 이제 꼼짝없이 죽게 생겼지 뭐예요.
"임금님, 정말 죽을 죄를 지었습니다. 그러니 죄는 달게 받겠으나 저에게도 소원이 하나 있습니다."
"도둑질이나 하는 녀석의 소원이 도대체 무엇이냐? 들어나 보자."
"임금님, 어머니를 한 번만 만나게 해 주십시오. 그것이 제 마지막 소원입니다."
"뭐라고? 네 소원이 어머니를 만나는 것이라고?"
핫산이 눈물을 흘리며 이야기하자 임금님은 아무리 도둑이지만 불쌍한 마음이 들었어요.
"좋다! 어머니를 만나는 일이라니 그것만은 허락해주마!"
임금님께서는 부하들에게 핫산의 어머니를 데려오라고 명령하셨지요.
드디어 어머니가 궁전에 도착했어요.
"핫산아~ 네가 어쩌자고! 흑흑흑"
어머니께서는 눈물을 흘리셨어요.
그러자 핫산은 어머니를 꽉 끌어안았지요.
"어머니, 저를 키우시느라 그동안 수고 많이 하셨습니다. 마지막으로 제 감사의 키스를 받으세요."
하고는 입맞춤을 하려는 순간 핫산은 어머니의 입술이 떨어질 만큼 꽉 깨물었어요.
그러자 어머니의 입술에서는 피가 뚝뚝 떨어졌지요.

"에그머니나! 도대체 저게 뭔 일이래요?"

임금님은 물론 그 자리에 있던 모든 사람이 깜짝 놀랐어요.

"네 이놈! 도둑질도 모자라서 이제 어머니까지 해치려 하느냐?"

"임금님, 물론 모두 제 잘못입니다. 하지만 제가 도둑이 된 원인은 바로 어머니에게 있습니다. 제가 어렸을 때 제일 먼저 훔친 것은 달걀 한 개입니다. 그때 어머니께서 꾸짖으셨다면 저는 도둑질이 나쁜 것이라 깨닫고 하지 않았을 것입니다. 하지만 어머니께서는 오히려 그것으로 맛있는 요리를 해 주셨습니다. 그래서 전 어린 마음에 도둑질이 어머니를 기쁘게 한다고 생각하고 계속 하다 보니 이렇게 궁전까지 물건을 훔치러 들어오는 큰 도둑이 되어버렸습니다."

핫산의 이야기를 들으신 임금님께서도 고개를 끄덕이셨어요. 그리고 판결을 내리셨지요.

"네 말이 맞구나! 자식을 낳았으면 바르게 키울 의무가 있는 것이 부모이거늘……. 네 어머니는 아들이 잘못한 일이 있어도 그냥 모른 체하고 자식을 도둑으로 키웠구나. 핫산, 너는 무죄다! 대신 아들을 바르지 못하게 키운 어머니는 유죄!"

쌀럼 ሰላም, 이란

페르시아의 화려했던 영광을 간직한 나라!

이란은 서남아시아에 있는 나라로 오랜 역사를 자랑하지요. '페르시아'라고 불렸던 예전에 유럽은 물론 아프리카 일부 지역까지 드넓은 땅을 다스렸어요. 현재는 '아리아인의 나라'라는 뜻으로 나라 이름을 '이란'으로 바꾸었지요. 국토의 절반이 산악지대이며 나머지는 대부분 사막이어서 농사를 지을 수 있는 땅이 거의 없지만 석유나 천연가스 등 자원이 풍부한 나라예요. 건축 예술이 발달했으며 손으로 짠 양탄자는 아름다운 무늬로 높이 평가받고 있지요.

이란에는 다양한 인종이 살고 있음에도 불구하고 전 국민의 90% 이상이 이슬람교를 믿기 때문에 국가의 단일성을 유지할 수 있어요. '이슬람'은 '평화와 순종'을 뜻하며 '알라'를 믿어요. 알라는 '하느님'을 뜻하는 아랍어이지요. 이슬람교를 믿는 사람을 '무슬림'이라고 하며 그들에게는 '다섯 가지 기둥'이라고 하여 반드시 지켜야 하는 다섯 가지 의무가 있어요. '신앙 고백하기, 매일 다섯 번 기도하기, 가난한 사람들을 위해 기부하기, 라마단 기간에 금식하기, 메카 순례하기'예요.

'메카'는 알라의 예언자 무함마드(Muhammad, 570~632/'마호메트'라고도 함)가 태어난 곳으로 '순례'라고 하는 힘든 여행을 통해서 믿음을 깊게 하고 인내심을 키우게 해요. 순례 길에서는 바느질하지 않은 흰색 천만 두르고 가기 때문에 부자건 가난뱅이건 알라 앞에는 모두가 평등하다는 가르침을 몸소 지키는 거예요. 이처럼 무슬림들은 다섯 가지 의무를 평생 꼭 지키려고 노력한답니다.

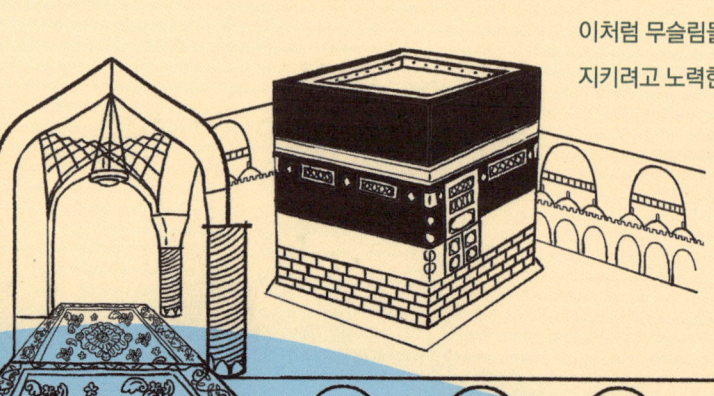

🌸 우린 코란의 가르침을 따른다네~ 🌸

'코란(=꾸란, Koran)'은 이슬람교의 경전으로 무함마드가 대천사 가브리엘을 통해서 알라의 말씀을 모아 놓은 책이에요.

'인간은 모두 알라 앞에 평등하다.'고 강조하기 때문에 성직자(불교의 스님, 교회의 목사님처럼 인간과 신 사이에서 중간 역할을 하는 사람)가 없어요. 그래서 무슬림은 코란을 읽으며 기도를 통해서 알라와 직접 대화를 하지요. 코란은 아랍어로만 쓰이는데 다른 언어로 옮겨지면 뜻이 분명하게 전달되지 않는다고 생각하기 때문이래요.

무슬림들은 남성과 여성의 역할을 명확하게 구분해요. 그래서 종교적 이유에서 다른 사람들에게 얼굴을 보이지 않기 위해 여성들은 '차도르(chādor)'를 입어요. 외출할 때 얼굴만 내놓고, 온몸을 가리기 위해 둘러쓰는 망토처럼 생긴 옷을 말하는데 '부르카, 니캅, 히잡' 모두 비슷한 기능을 하지요. 사막의 모래바람을 막고 뜨거운 태양을 피하기 위하기 위해 차도르를 착용하는 이유도 있으나 다른 나라 사람들의 시선으로 볼 때는 여성들의 자유를 억압하는 것처럼 보여요. 하지만 무슬림들의 입장에서는 여성을 보호하는 측면이 더 많다고 해요. 한편 남자들이 긴 천으로 머리를 둘러 감고 있는 것은 '터번(turban)'이라고 한답니다.

🌸 아라비안나이트, 천일 + 하룻밤 더?? 🌸

옛날 페르시아 왕 샤리아르가 아내에게 배신을 당한 이후 여자들을 증오하게 되었어요. 그 분풀이로 매일 새 신부를 아내로 맞아들이고 다음 날 아침이면 새 신부를 죽였대요. 이러기를 3년간이나 지속하자 딸을 가진 온 나라의 부모들은 왕이 너무 무서웠어요. 그래서 딸을 다른 나라로 도망치게 하거나 어린 나이라도 빨리 결혼시켰지요. 이 슬픈 현실을 끝내기 위해 세헤라자드는 자진해서 왕에게 가겠다고 아버지께 말씀드렸어요. 아버지는 현명한 딸에게 계획이 있음을 알고, 샤리아르 왕에게 딸을 보냈지요. 세헤라자드는 첫날부터 왕에게 밤마다 재미있는 이야기를 들려주었어요. 날이 훤하게 밝았지만 왕은 이야기가 계속 듣고 싶어서 세헤라자드를 죽이지 않았지요. 신밧드의 모험, 알리바바와 40인의 도적, 알라딘과 요술 램프 등 이야기는 1,000일 하고도 하룻밤 더 계속되었어요.

마침내 왕은 자신의 잘못을 뉘우치며 세헤라자드를 왕비로 맞아들였고, 그때부터 백성들이 안심하고 살 수 있도록 나라를 잘 다스렸답니다.

●유럽●

기쁨을 연주하는 하프 * 헬로, 영국

죽지 못하는 대장장이 * 봉쥬르, 프랑스

백조의 기사 로엔그린 * 구텐 탁, 독일

세상에서 가장 소중한 것 * 챠오, 이탈리아

땅 위를 달리는 배 * 모이, 핀란드

바실리사와 바바야가 * 즈드랏스부이체, 러시아

기쁨을 연주하는 하프

 영국, United Kingdom

옛날 아주 먼 옛날, 영국의 어느 마을에 노래하고 춤추기를 좋아하는 올리버 아저씨가 부인과 함께 살고 있었어요.

아저씨는 시간만 나면 큰소리로 노래를 불렀고, 흥겹게 춤을 추었지요.

그런데 문제는 아저씨가 노래를 잘하지 못한다는 거예요.

그러니 마을 사람들 입장에서는 아저씨의 노래를 듣는 것이 정말 괴로운 일이었지요.

"오늘도 새벽부터 올리버 씨가 노래를 시작하더군요. 아, 시끄러워라!"

"그제는 잠도 안 자고 부르던 걸요!"

"그러니까요. 그 소리에 아이들이 깨서 보채고 아주 힘든 밤이었어요. 저는 올리버 씨 때문에 이 마을에서 못 살겠어요."

마을 사람들은 만나기만 하면 올리버 아저씨 흉을 봤지요.

올리버 아저씨가 사는 마을에서 더 깊은 산 속으로 들어가면 예쁜 숲이 나와요. 그 숲에는 요정들이 옹기종기 모여 사는 '요정 마을'이 있었지요. 이 요정들은 종종 인간의 모습을 하고 마을로 내려와 착한 일을 하는 사람에게는 좋은 선물을 주고, 나쁜 짓을 하는 사람에게는 벌을 내리곤 했어요.

어느 날 요정 마을에 사는 요정 셋이 거지꼴을 하고 사람들이 사는 마을로 내려왔어요. 얼굴도 지저분하고, 옷도 누더기를 걸치고 있으니 아무도 반기지 않았지요.

요정들은 우렁찬 노랫소리가 들리는 집 문을 두드렸어요.

바로 올리버 아저씨의 집이었어요.

똑똑. 똑똑똑.

"문 좀 열어 주세요. 우리가 배가 고파서 그러니 음식을 좀 나눠주세요."

올리버 아저씨는 마침 자신이 새로 만든 노래를 들어줄 사람이 필요했거든요.

"아, 배고프신 분들! 어서 들어오세요. 제집에는 지금 막 구운 빵과 따뜻한 스프가 있답니다."

마을을 돌아다녀 배가 고팠던 참에 요정들은 식탁에 앉아 허겁지겁 음식을 맛있게 먹었어요.

올리버 아저씨는 이때다 싶어 요정들을 관중 삼아 춤과 노래를 시작하였지요.

"♪🎵 오~ 나의 태양~ 내 사랑을 받아주오. ♪♩🎵🎵 쿵짝, 쿵짝!"

아저씨는 오히려 요정들이 너무 빨리 식사를 끝낼까 봐 음식을 계속 갖다 주면서 노래를 불렀어요. 요정들은 배고픈 사람에게 기꺼이 음식을 내어주는 아저씨를 착한 사람이라 생각하고 말했어요.

"저희가 음식대접을 잘 받았으니 선물을 드리고 싶어요. 어떤 선물을 원하시나요?"

"아니에요. 노래를 잘 들어주신 것만으로도 고맙지요. 하지만 딱 한 가지, 현재 원하는 것이 있다면 제 노래를 더욱 빛내 줄 고운 소리가 나는 하프가 있었으면 행복하겠어요."

요정들이 떠난 후에도 아저씨는 밤늦게까지 고래고래 소리를 지르며 노래했어요.

다음 날 아침, 신기한 일이 벌어졌어요.

올리버 아저씨가 잠에서 깨어보니 침대 옆에 반짝반짝 빛나는 근사한 하프가 놓여 있는 거예요.

"여보, 얼른 일어나 봐요! 어제 왔던 사람들이 숲에 사는 요정들이었나 봐요. 이 하프 좀 보시구려."

"예? 요정이 하프를 선물로 줬다고요? 어서 연주해 보세요. 어떤 소리가 날지 몹시 궁금하네요."

올리버 아저씨는 아주 좋아서 가슴이 두근거렸어요.

그리고는 하프를 연주하기 시작했지요. 아저씨의 연주 솜씨는 형편없었지만 그럼에도 불구하고 하프에서는 아름다운 선율이 흘러나왔어요.

사실 이 하프는 '요술 하프'였거든요.

하프 소리가 나는 동안에는 기분이 좋아지면서 춤추고 노래하게 되는 하프였지요.

요정의 선물로 하프를 받았다는 소문이 동네방네 퍼지자 올리버 아저씨 집에는 사람들이 구름처럼 몰려들었어요.

"세상에나~ 부러워요. 올리버 씨!"

"어서 빨리 요정의 하프 소리를 들려주세요."

신바람이 난 아저씨는 마을 사람들 앞에서 하프를 연주하며 노래하기 시작했어요.

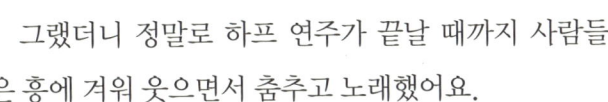

그랬더니 정말로 하프 연주가 끝날 때까지 사람들은 흥에 겨워 웃으면서 춤추고 노래했어요.

"요정의 선물이 맞네요. 마음이 편안해지면서 행복해져요."

기분이 울적한 사람도, 병이 들어 아픈 사람도, 아이들도, 어른들도 모두 모두 덩실덩실 춤을 추게 되었지요.

그 날부터 올리버 아저씨 집에는 밤낮으로 하프 소리를 들으며 노래하고 춤추고 싶은 사람들로 가득했어요.

"그래 바로 이거야! 사람들이 드디어 내 노래의 매력에 푹 빠진 거야!"

하지만 어느 순간 올리버 아저씨는 자신의 연주와 노래 때문이 아니라 하프 소리 때문에 사람들이 즐거워진다는 걸 알게 되었어요.

그러자 나쁜 마음이 들었지요. 그래서 그동안 아저씨에게 노래를 못한다고 흉을 보던 사람들을 모두 불러 한 자리에 모았어요.

"반갑습니다, 여러분! 오늘 밤 제 하프 소리와 함께 신나게 즐겨 보세요."

"♪🎵 오~ 나의 태양~ 내 사랑을 받아주오. ♪♩🎵🎵"

올리버 아저씨가 노래하며 하프 연주를 시작하자 그동안 흉을 보던 사람들도 기분이 좋아져서 춤을 추었어요.

"우리가 그동안 잘못 알고 있었나 봐요. 올리버 씨의 노래와 연주를 들으니 즐거워지는군요. 아, 오늘 밤은 정말 행복하네요."

하지만 연주가 끝나지 않자 사람들은 점점 지쳐갔지요.

"올리버 씨, 계속 춤을 추었더니 팔다리가 아파서 몹시 힘들어요."

"다음에 다시 올 테니 오늘은 이제 연주를 멈춰주세요. 제발요~"

아저씨는 골탕을 먹이려고 작정했기 때문에 사람들이 모두 지쳐 쓰러지는데도 멈추지 않았어요. 이런, 이런~

"어서 멈춰요. 어서!"

"아이고, 올리버 씨, 제발 그만요!"

"우하하하. 꼴좋다! 그동안 내 흉을 그렇게 보더니, 맛이 어떠냐!"

아저씨는 멈추지 않고 오히려 더 크게 연주를 했지요. 그런데 그 순간 '뚝!' 하고, 하프 줄이 끊어지더니 스르르 사라져 버렸어요.

화가 난 요정들이 이 사실을 알고는 도로 가져간 것이에요.

그날 밤부터 올리버 아저씨는 매일 이런 기도를 했답니다.

"잉잉잉~ 요정님, 제발 요술 하프를 돌려주세요. 네?"

헬로 Hello, 영국

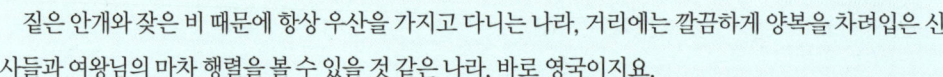
칙칙폭폭 증기기관차가 제일 먼저 달린 나라!

짙은 안개와 잦은 비 때문에 항상 우산을 가지고 다니는 나라, 거리에는 깔끔하게 양복을 차려입은 신사들과 여왕님의 마차 행렬을 볼 수 있을 것 같은 나라, 바로 영국이지요.

영국은 커다란 그레이트브리튼 섬의 '잉글랜드, 웨일즈, 스코틀랜드'와 아일랜드 섬의 북쪽에 있는 '북아일랜드'가 연합해서 이루어진 나라에요. 한때는 전 세계의 4분의 1을 지배해서 '해가 지지 않는 나라'라고 불리기도 했을 만큼 막대한 영향력을 가졌었지요. 또 다른 나라보다 산업이 빠르게 발전했어요. 세계 최초로 '제임스 와트(James Watt, 1736~1819)'가 증기 기관을 이용해서 면으로 된 옷감을 대량으로 생산해냈지요. 그 후 다양한 기계가 발명되면서 공업이 발전할 수 있었고, 아주 먼 곳까지 많은 물건을 빠르게 실어 나를 수 있는 증기기관차가 발명되어 무역이 크게 성장할 수 있었어요. 이처럼 영국은 오랜 전통과 풍부한 문화유산은 물론 세계의 산업발달에 주도적인 역할을 했기 때문에 영국 사람들의 자부심은 대단하지요.

바쁘게 돌아가는 사회 속에서도 '차 마시는 시간'을 따로 가져요. 영국 사람들은 '홍차'를 정말 좋아해서 아침에 일어나자마자 물을 끓여요. 아침에 마시는 '모닝 티(morning tea)'는 물론 '애프터눈 티(afternoon tea)'라고 해서 오후 4시경에 샌드위치나 비스킷 등과 곁들여 차를 마셔요. 차를 마시는 시간을 '티타임(tea time)'이라고 하는데 이 시간은 차를 마시며 휴식을 취하거나 다른 사람들과 함께 즐기며 이야기 나누는 편안한 시간이랍니다.

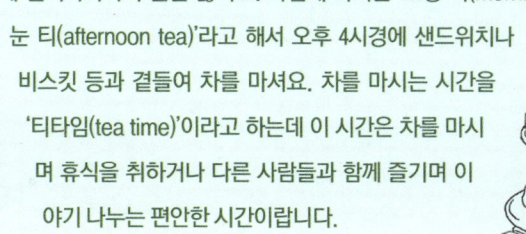

체크무늬 치마를 입은 남자들이 멋진 연주를?

멋진 남자들이 체크무늬 치마와 반 스타킹을 신었으며 가죽으로 만든 자루를 끼고 입으로는 피리 같은 것을 불고 있는 모습을 본 적이 있나요?

체크무늬 치마는 스코틀랜드 남자들이 입는 전통 의상 '킬트(kilt)'이고, 가죽으로 만든 공기주머니가 관으로 연결되어 입으로 부는 악기를 '백파이프(bagpipes)'라고 해요. 가슴을 울리는 독특한 소리가 나서 듣는 이들에게 큰 감동을 주는 매력적인 악기이지요.

스코틀랜드의 도시 에든버러에서는 12개의 축제가 일 년 내내 펼쳐져요. 영화, 책, 과학, 어린이 축제 등 주제도 다양하지요. 특히 8월이 되면 약 한 달간 최고의 공연들이 펼쳐지는 축제가 시작돼요. 300개가 넘는 공연장은 물론 광장, 거리 등 작은 공간이라도 허락되는 곳이라면 연극, 마술, 춤 등 독특하고 완성도가 높은 공연을 관람할 수 있어요. 우리나라의 '난타', '비보이를 사랑한 발레리나' 등도 에든버러 축제에서 공연한 뒤 큰 성공을 거두어 이제는 세계적인 작품이 되었답니다.

피터 팬과 해리 포터가 여기서 태어났대요~

'사느냐 죽느냐 그것이 문제로다!'는 『햄릿』이라는 작품에 나오는 유명한 대사예요. 로미오와 줄리엣의 사랑 이야기 역시 영국이 인도와도 바꾸지 않겠다고 말한 최고의 극작가 셰익스피어(William Shakespeare, 1564~1616)가 남긴 작품이지요. 셰익스피어뿐만 아니라 영국에는 유명한 문학작품들이 많이 있어요. 무인도에 표류하며 모험을 하는 『로빈슨 크루소』, 소인국에서 겪는 신기한 이야기를 쓴 『걸리버 여행기』, 깜짝 놀랄만한 결과로 읽는 이의 긴장을 늦추지 못하게 하는 추리소설 『명탐정 셜록 홈즈』도 빠질 수 없지요. 어린이들이 좋아하는 『피터 팬』, 『곰돌이 푸』, 『피터 래빗』 또 조앤 롤링의 『해리 포터』 시리즈는 소설은 물론 영화로도 세계적인 성공을 거두었어요. 런던의 킹스크로스역에 가면 해리 포터와 친구들이 호그와트 마법학교에 가려고 기차를 기다리던 '9와 4분의 3 승강장'이 실제 있다니 재미나지요?

죽지 못하는 대장장이

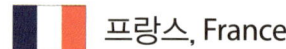 프랑스, France

옛날 옛적, 프랑스의 어느 마을에 솜씨 좋은 대장장이가 살고 있었어요.
"두들겨라! 뚝딱뚝딱! 두들겨라! 쿵쾅쿵쾅!"
대장장이는 땀을 흘리며 열심히 쇠를 두드리고 있어요.
그런데 대장간이 마을에서 멀리 떨어져 있어서 사람들이 별로 찾아오지 않았어요. 손님이 없으니 가난했던 대장장이는 아직 결혼도 못 하고 혼자 외롭게 살았지요. 하지만 대장장이는 쇠로 된 것이라면 무엇이든지 뚝딱뚝딱 잘 만들어냈어요.
이 소문은 멀리 하늘나라에까지 퍼졌어요.
어느 날 밤, 대문을 두드리는 소리에 대장장이는 잠이 깼어요.
"아니 이 한밤중에 누구세요?"

"주무시는데 죄송합니다. 급한 부탁 한 가지 드리려고요. 아, 제 소개가 늦었네요. 안녕하세요? 저는 천국에 사는 문지기 천사랍니다. 천국의 열쇠가 망가져 들어갈 수 없어서 늦은 시간이지만 고쳐주셨으면 하고 찾아왔어요. 대장장이님 솜씨는 천국에까지 알려졌거든요. 부탁드려요."

대장장이는 깜짝 놀랐지만 고장난 천국의 열쇠를 받았어요.

"그런 일이라면 걱정하지 마세요. 제가 빨리 고쳐드리겠습니다!"

"두들겨라! 뚝딱뚝딱! 두들겨라! 쿵쾅쿵쾅!"

대장장이는 금세 새것처럼 고쳐 주었지요.

"어머나, 세상에! 감쪽같이 고치셨네요! 역시 소문대로 대단하세요! 너무 감사해서 제가 원하시는 걸 꼭 한 가지 해드리고 싶어요."

"무슨 말씀을요. 제가 오

히려 천사님을 뵈어 영광이지요."

"아니에요. 꼭 보답하고 싶어요. 하늘에 있는 귀한 보물을 드릴까요, 아니면 이다음에 죽어서 천국에 사실 수 있도록 해드릴까요?"

"아, 아닙니다. 저는 귀한 보물도 싫고, 천국도 싫습니다. 다만 저에게 소원이 있다면 그저 지금처럼 살면서 제가 바라는 대로 모든 게 이루어지면 좋겠습니다."

"천국도 싫으시다고요? 네, 알겠습니다. 이제부터 대장장이님이 원하시는 일은 모두 이루어지실 거예요. 그럼 안녕히 계세요!"

문지기 천사는 열쇠를 들고는 사라졌어요.

다음 날 아침, 대장장이는 어제 일을 기억하면서 '대장간에 손님이 많이 왔으면 좋겠다!' 하고 생각했어요.

그러자 그때부터 대장간에 사람들이 북적북적 모여들기 시작했지요.

"두들겨라! 뚝딱뚝딱! 두들겨라! 쿵쾅쿵쾅!"

바쁘게 일한 덕에 대장장이는 금방 부자가 되었어요. 그뿐만 아니라 마음씨도 곱고 아름답기로 소문난 아가씨와 결혼도 하고, 어여쁜 아이들도 낳으며 알콩달콩 행복하게 살았지요.

모든 게 대장장이가 바라는 대로 이루어진 거예요.

오랜 세월이 흐른 어느 날 밤, 대문을 두드리는 소리에 대장장이는 벌떡 일어났어요.

"이 늦은 밤에 당신은 누구요?"

"나는 지옥에 사는 악마라네. 당신이 죽을 때가 되어 데리러 왔지. 예전에 당신은 죽어서 천국에 가지 않겠다고 말했으니 이제 나와 함께 지옥으로 가세!"

대장장이는 깜짝 놀랐어요.

지금 이렇게 사는 게 행복한데 악마와 지옥에 가기는 너무나 싫었지요.

그래서 꾀를 내어 말했어요.

"알겠습니다. 하지만 마지막으로 맛있게 식사 한번 하고 가게 해주십시오."

"알겠네. 어서 마지막 식사를 하게!"

악마는 맞은편 의자에 앉아서 기다려 주었어요.

대장장이는 식사하면서 '악마의 엉덩이가 의자에 붙었으면 좋겠다!' 생각했고, 그 소원은 그대로 이루어졌지요.

잠시 후 악마가 아무리 일어나려고 해도 엉덩이가 의자에 철썩 붙어 떨어지지 않는 거예요. 그러자 대장장이에게 소리쳤어요.

"이봐, 당신 짓이지! 당장 나를 의자에서 떼어줘!"

"악마님, 그럼 20년 후에 다시 오세요. 전 지금처럼 더 살고 싶어요."

악마는 어쩔 수 없이 그러겠다고 약속했어요.

대장장이는 다시 의자에서 떨어지도록 소원을 빌었고, 악마는 지옥으로 혼자 돌아갈 수밖에 없었지요.

행복한 20년이 흘렀고, 지옥의 악마가 또 나타났어요.

"이번에는 절대 속지 않을 테다! 당장 지옥으로 가자!"

"제발 따뜻한 차 한 잔만 마시고 가게 해주세요."

마음이 약한 악마는 이번에도 허락해 주었지요. 대신 이번에는 대장장이가 차를 마실 동안 의자에 앉지 않고, 창가에 서 있었어요.

창밖 포도나무에는 포도가 탐스럽게 주렁주렁 달려 있었지요.

악마는 그중 달콤하게 생긴 포도 한 송이를 따서 먹으려고 팔을 쭉 뻗었어요.

그 순간 대장장이는 '악마의 손이 나무에 딱 붙었으면 좋겠다!' 생각했고, 그 소원도 그대로 이루어졌지요.

"으~ 분하다! 내가 또 당하다니!"

악마는 대장장이에게 또 20년을 더 살게 해주겠다고 약속하고는 지옥으로 돌아갔어요.

그렇게 20년이 흘러 지옥의 악마가 나타났어도 대장장이는 여전히 지옥으로 가는 것이 끔찍했어요. 악마도 이번에는 결심한 듯 아무것도 먹지 못하게 하고 집을 당장 떠나자고 했지요. 그리고는 대장장이를 냉큼 업고는 지옥으로 향했어요.

"아휴, 한참을 업고 걸었더니 힘들어서 안 되겠네. 이번에는 자네가 나를 좀 업고 가게!"

대장장이가 악마를 업자 너무 편해서였는지 악마는 스르르 잠이 들어 버렸어요.

이때다 싶어 대장장이는 가까운 대장간에 가서 악마를 납작하게 해달라고 주문했어요.

젊은 대장장이가 악마를 불에 달군 망치로 쿵쿵 탕탕 두드렸지요.

"앗, 뜨거워!"

오징어포처럼 납작하게 된 악마는 치를 떨며 지옥으로 돌아가 다시는 오지 않았어요.

그렇게 한참을 더 산 대장장이도 이제는 이 세상이 재미없었어요.

'아, 나도 가족과 친구들이 있는 천국으로 가야겠다.'

대장장이는 천국에 가서 문을 두드리며 소리쳤어요.

"문지기 천사님, 저도 천국에 들어가고 싶어요!"

"네? 예전에 대장장이님께서 천국에는 오지 않겠다고 말씀하셔서 문을 열어드릴 수 없어요."

하고는 천국의 열쇠로 문을 굳게 잠가버렸어요.

하는 수 없이 대장장이는 지옥으로 갔지요. 그랬더니 악마는 꼴도 보기 싫다며 사람 사는 세상으로 쫓아버렸어요. 천국에서도 지옥에서도 받아주지 않아 대장장이는 죽을 수도 없게 되었답니다. 이를 어쩌지요?

봉쥬르 Bonjour, 프랑스

🥖 예술과 패션은 우리가 이끌어 간다! 🥖

    예술과 패션의 나라 프랑스의 수도 파리에서는 '오트 쿠튀르(haute-couture 고급 맞춤옷)'와 '프레타포르테(prêt à porter 고급 기성복)'가 열려요. 패션 디자이너라면 누구나 꿈꾸는 패션쇼이지요. 계절을 앞서 패션 디자이너들이 새로운 옷을 만들어 발표하면 이 옷들이 세계 패션의 유행을 이끌어가요. 여기에 출품하는 옷들은 독창적으로 만들어 내기 때문에 예술성을 중요하게 생각하지요. 옷뿐 아니라 패션을 완성하기 위해 그에 어울리는 화장품, 구두, 선글라스 등 액세서리까지 완벽함을 추구해요. '패션이 곧 예술'이 되며 파리가 영원한 패션의 본고장으로 이어갈 수 있도록 해주지요.

    또 파리에는 엄청난 크기를 자랑하며 세계문화유산으로 지정되기도 한 루브르 박물관은 물론 오르세 미술관, 퐁피두 센터 등 크고 작은 미술관이 아주 많이 있어요. 게다가 유명한 예술가들이 거쳐 간 몽마르뜨 언덕 등이 어우러져 있어 예술적 감성이 살아나도록 조성되어 있지요.

    프랑스 사람들은 아이 때부터 '봉상스(bonsens 이성)'를 엄격하게 가르쳐요. 즉 무엇이 옳고 잘못되었는가, 어떤 선택을 할 것인가를 고민하여 스스로 결정하도록 하는 거예요. 그래서 엄격함을 바탕으로 각자의 개성이 뚜렷하면서도 자유로운 생각을 가진 시민으로 성장할 수 있도록 도와요. 이런 가르침으로 인해 사회는 다양성을 존중하며 풍요로운 문화를 만들어 낼 수 있게 되었답니다.

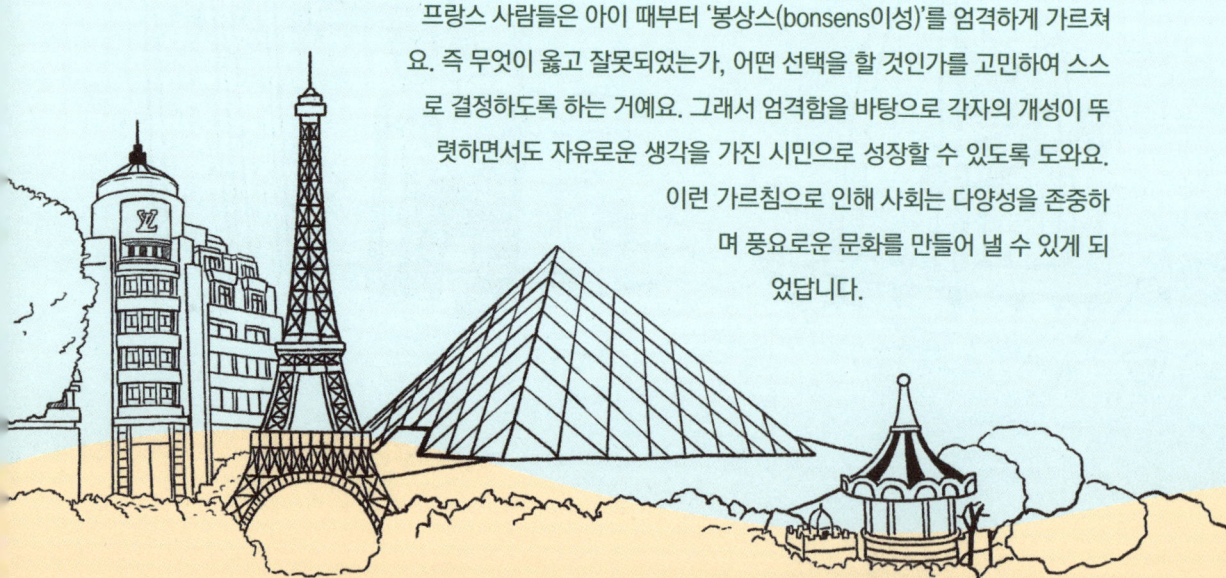

와인 없는 식탁은 해가 뜨지 않는 하늘과 같지~

프랑스는 평야가 넓고 날씨가 따뜻하며 햇볕이 풍부해서 포도를 재배하기에 알맞아요.
그래서 여러 지방마다 특색 있는 와인(wine포도주)을 만들기 때문에 프랑스 사람들의 와인에 대한 사랑과 자부심이 정말 대단하지요. 그런 만큼 일상생활에서 와인을 즐겨 마시고 와인을 곁들인 다양한 요리들도 좋아하지요.

예술의 나라답게 요리도 예술로 만들어 '눈으로 먹는 음식'이라는 말이 있을 정도로 다양한 식자재를 가지고 섬세하게 만들어요. 치즈의 종류만도 300가지가 넘으며 푸아그라(foie gras거위 간 요리), 그르닉이(grenouille개구리 뒷다리 요리), 에스카르고(escargot달팽이 요리) 등 특별한 재료로 요리하기도 해요. 이렇게 음식 문화가 발달하다 보니 프랑스는 세계에서 가장 까다롭기로 소문난 식사 예절을 가지고 있으며 식사 시간을 다른 무엇보다 소중하게 여긴답니다.

인형들이 주인공인 축제가 있다고요?

'카니발'이란 그리스도교를 믿는 나라에서 사순절(예수님이 죽었다가 다시 살아나신 부활절 전 40일 동안이며 예수님이 고난받은 시기이므로 술과 고기를 먹지 않고 경건한 생활을 하는 기간) 이전에 떠들썩하게 먹고 마시며 즐기면서 시작된 축제예요.

프랑스의 아름다운 도시 니스에서는 매년 사순절 전날까지 2주 동안 '니스 카니발(Nice Carnival)'이 열려요. 매해 새로운 주제를 정해서 거기에 맞춰 조형물과 디자인이 결정되지요. '카니발의 왕'이라는 어마어마한 인형(조형물)이 등장하면서 축제가 시작돼요. 이 퍼레이드에 나오는 인형들은 '카니발의 집'이라는 커다란 건물에서 프랑스의 전통 기법으로 만들어지는데 축제가 열리기 몇 달 전부터 꼭꼭 숨어서 만든다고 해요. 축제 기간에는 건물 7층 높이의 멋진 인형들을 태운 차량이 퍼레이드를 하는 환상적인 장면을 볼 수 있어요. 또 꽃마차 퍼레이드가 열려 관객들에게 꽃을 나눠주며, 밤에는 아름다운 조명과 불꽃놀이가 축제를 더욱 화려하게 만든답니다.

백조의 기사 로엔그린

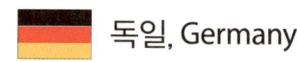
독일, Germany

까마득히 먼 옛날, 독일 안에서 작은 영토를 다스리는 아버지와 예쁜 딸 엘자가 살고 있었어요.

엘자의 아버지는 큰 병을 앓아 돌아가실 때가 되었어요.

'아, 아직 엘자가 어려서 나라를 다스리게 할 수도 없고…….'

아버지는 하나밖에 없는 귀한 딸 엘자와 소중한 백성들을 남기고 죽는 것 때문에 걱정이 많으셨지요.

"아버지, 무슨 생각을 그렇게 골똘히 하세요?"

"아니다, 얘야! 이렇게 착한 딸이 있는데 걱정은 무슨!"

아버지는 엘자에게 고민을 털어놓을 수 없었어요.

'내가 죽으며 옆 나라에 사는 나쁜 적들이 쳐들어와 엘자는 물론 백성들도 힘들게 살 것이 불 보듯 뻔한데…….'

그래서 아버지께서는 이런 유언을 남기고 돌아가셨어요.

《내가 죽으면 엘자는 용감하다고 소문이 난 '붉은 수염의 기사'와 결혼을 하여 이 영토를 맡기도록 해라!》

엘자는 아버지가 돌아가신 것도 슬프긴 하지만 유언 때문에 속이 상했어요.

'어머나, 이를 어째? 난 사랑하지 않는 남자랑 결혼하기는 죽기보다 싫은데…….'

엘자는 고민 끝에 지혜로운 판결을 내려주시는 임금님을 찾아가 말씀드렸어요.

"임금님, 저는 존경하는 아버지의 유언을 따르고 싶기는 하지만 결혼은 제가 하고 싶은 남자와 하고 싶어요. 간곡히 부탁합니다. 유언을 수정하되 하늘에 계신 저희 아버지의 마음이 상하지 않고, 저도 유언을 기꺼이 받아들일 수 있도록 현명한 결정을 내려주세요."

임금님은 사랑하는 사람과 결혼하겠다는 엘자의 마음을 이해하면서도 마지막으로 남긴 부탁인 유언을 지키지 않을 수도 없었어요.

'엘자가 아직 어려서 용감하고 힘센 기사와 결혼을 시켜 나라를 지키려 그런 유언을 남긴 것인데……. 어떻게 하면 나라도 지키고, 엘자가 원하는 사람과 결혼할 수 있을까? 무슨 좋은 방법이 없을까?'

깊은 생각을 하신 임금님은 모두가 납득할 수 있도록 명령하셨어요.

"엘자는 '텔라문트'와 싸워 이겨라! 그러면 하늘의 뜻인 것으로 알고 '붉은 수염의 기사'와 결혼하지 않아도 좋다. 대신 엘자는 힘이 약하므로 어떤 기사의 도움도 받을 수 있다."

'텔라문트'는 무시무시한 용을 죽인 힘이 센 괴물 용사였어요.

많은 기사가 어여쁜 엘자를 도와주고 싶었어요. 하지만 텔라문트와 싸워 이길 자신이 없었기 때문에 아무도 나서지 못했지요.

엘자는 자신을 대신해서 텔라문트와 싸워 이길 최고의 기사를 보내달라고 신께 간절하게 기도했어요.

"신이시여, 애끓는 저의 기도를 들으시어 이 불쌍한 소녀를 구해주소서!"

땡~ 땡~ 땡~

갑자기 하늘에서 아름다운 종소리가 울려 퍼졌어요.

사람들의 간절한 기도가 하늘까지 닿으면 위대한 신들이 들을 수 있도록 하는 '소원의 종'이 울린 거예요.

옛날 독일에는 신의 명령만을 듣고 싸우는 기사들이 사는 비밀의 섬이 있었어요.

그 섬에 사는 가장 용감한 기사 '로엔그린'에게 신께서 엘자를 도와주라고 명령하셨지요.

그 순간 은빛으로 빛나는 백조 한 마리가 배를 한 척 끌고 나타났어요.

로엔그린은 백조가 이끄는 배를 타고 몇 날 며칠을 항해했어요.

땅에 다다르자 백조는 배를 끌고 안갯속으로 사라졌고, 멀리서 이 모습을 엘자가 지켜보고 있었어요.

'아, 백조와 함께 나타난 저 멋진 기사가 나를 구하러 온 게 틀림없어!'
로엔그린은 한걸음에 달려가 텔라문트에게 말했어요.
"나는 엘자를 대신하여 당신과 싸우러 온 기사요. 결투를 신청하오!"
텔라문트도 물론 강했지만 신이 보낸 로엔그린의 승리로 끝이 났지요.
로엔그린이 도와준 덕분에 엘자는 붉은 수염의 기사와 결혼하지 않아도 되었으며, 이웃 나라에서 함부로 쳐들어오지도 않았어요.
"로엔그린 기사님, 저와 결혼해 주세요!"
엘자는 늠름하고 잘 생겼으며 자신을 구해준 로엔그린에게 첫눈에 반한 거예요.
로엔그린 역시 어여쁜 엘자가 좋아서 둘이는 행복한 결혼식을 올렸어요.
"너무나 아름다운 한 쌍이에요. 정말 잘 어울려요!"
온 나라의 백성들이 두 사람의 결혼을 축하해 주었지요.
결혼한 첫날밤, 로엔그린은 엘자의 두 손을 꼭 잡았어요. 그리고 진지하게 이야기를 시작했지요.

"사랑하는 엘자, 나는 당신을 위해 그 어떤 어려움이라도 다 이겨낼 수 있소. 하지만 내가 어디서 왔는지 절대 묻지 않겠다고 약속해 주시오. 그 약속이 지켜지지 않으면 나는 내가 온 곳으로 떠날 수밖에 없다오."

"그런 일이라면 걱정하지 마세요. 꼭 지킬게요!"

엘자는 어렵지 않은 일이라 생각하며 약속했어요.

그 후 로엔그린과 엘자는 세상 부러울 것 없이 즐겁게 지냈어요.

그런데 주변에서 이 부부를 시샘하는 사람들이 나타나 이상한 소문을 퍼뜨렸지요.

"로엔그린이 원래는 악마였대요."

"그러게요. 땅속 지옥에서 왔다는군요, 글쎄!"

이 소문은 엘자의 귀에도 들어갔지요. 시간이 지나자 궁금해서 미칠 지경이 되었어요.

그래서 더 참지 못하고 로엔그린에게 살며시 물었어요.

"난 당신이 절대 악마가 아니라고 믿어요. 하지만 사람들 사이에서 당신이 땅속 지옥에서 왔다는 터무니없는 말들이 떠도네요. 저에게만 당신이 어디서 왔는지 살짝 이야기해 주세요."

"사랑하는 엘자, 사람들의 소문에 흔들리다니……. 내가 그것만은 묻지 말아 달라고 했건만 그 약속을 지키지 못하는군요. 나는 신의 명령만을 듣고 싸우는 기사로 저 먼 비밀의 섬에서 왔소. 당신을 진실로 사랑하고 함께 있고 싶지만 나는 떠날 수밖에 없다오."

"아, 안돼요! 로엔그린! 내가 궁금한 게 아니고 사람들이 그렇게 이야기해서요. 용서하세요, 제발 한 번만 용서해 주세요!"

하지만 이젠 돌이킬 수 없게 되었어요. 약속이니까요.

로엔그린이 이 땅에 처음 왔을 때처럼 은빛으로 빛나는 백조가 배를 한 척 끌고 나타났어요.

또다시 그 배를 타고 로엔그린은 짙은 안갯속으로 사라졌지요.

"로엔그린, 다시 돌아와 주세요. 제가 잘못했어요. 흑흑흑"

이때부터 로엔그린은 '백조의 기사'라 불리게 되었고, 엘자는 행여나 로엔그린이 다시 돌아오지 않을까 하염없이 바다를 바라보며 눈물로 세월을 보냈답니다.

구텐탁 Guten Tag, 독일

🌸 부지런히 일하고 아껴야 잘 살지! 🌸

독일은 서유럽의 중심에 있으며 9개의 나라와 국경을 접하고 있어요. 지리적으로도 유럽의 중심일 뿐 아니라 자동차 산업 등 공업이 발달하여 경제적으로도 앞섰고, 베토벤이나 바흐, 괴테 같은 훌륭한 예술가들이 많아 문화적으로도 유럽에 많은 영향을 끼쳤어요. 하지만 독일은 두 차례나 큰 전쟁을 일으켜 세계를 위험에 빠뜨리기도 했지요.

전쟁 후 온 국민이 부지런히 일하고, 검소하게 아끼면서 살았기 때문에 짧은 시간에 다시 경제를 발전시킬 수 있었어요. 이것을 '라인 강의 기적'이라고 부르지요. 라인 강은 독일을 흐르는 대표적인 강이에요. 또 '기적'이란 말은 보통은 일어나지 않는 놀랄 만큼 대단한 일이 벌어지는 것을 말해요. 우리나라 역시 6·25 전쟁 이후 폐허가 된 땅에서 온 국민이 근검절약하고 열심히 일해서 엄청난 경제 성장을 이룬 것을 '한강의 기적'이라고 해요. 이처럼 우리나라와 독일은 비슷하고도 다른 점이 있어요. 우리나라는 6·25 전쟁 이후 남한과 북한으로 나뉘었고, 독일도 제2차 세계대전 이후 동독과 서독으로 나뉘었어요. 하지만 독일은 동독과 서독을 가르던 '베를린 장벽'이 무너지면서 1990년 통일을 이루어 하나의 나라가 되어서 여러 가지 문제들을 슬기롭게 극복해 나가고 있답니다.

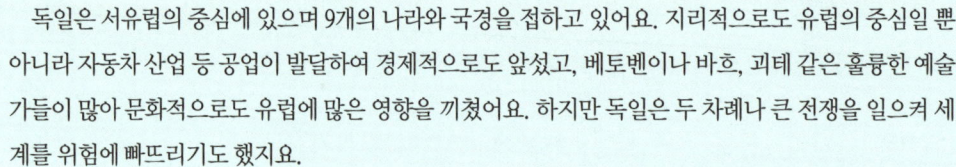

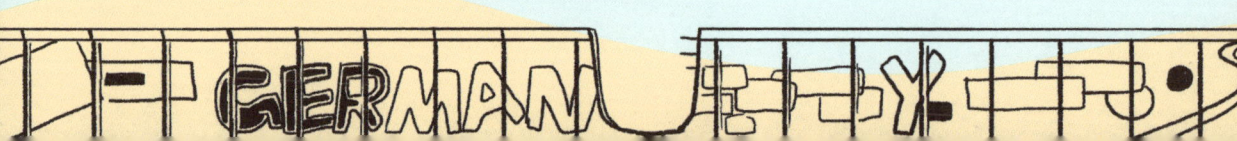

여기선 어린이들도 맥주를 마신다네~

독일의 남쪽에 있는 도시 뮌헨에서는 매년 9월 말에서 10월 초에 '옥토버 페스트(October fest10월 축제)'가 열려요.

세계에서 가장 큰 맥주 축제이자 민속 축제예요. 축제의 시작은 민속 의상을 입은 사람들과 관계자들이 거리를 행진한 후, 뮌헨 시장님이 축제장에서 맥주 통의 마개를 열며 '오 찾트 이즈!(O'zapft is마개가 열렸다)'라고 외치는 것이 전통이에요. 최대 만 명이 동시에 맥주를 마시며 흥겨운 노래와 춤을 즐기는 떠들썩한 축제이지요. 축제 기간에는 회전목마, 롤러코스터 같은 여러 가지 놀이기구를 이용할 수도 있고, 영화나 서커스를 볼 수도 있으며 '맥주 나르기 대회'같이 이색 경기도 벌어져요. 특히 과일이나 탄산을 넣어 알콜이 없게 만든 어린이를 위한 맥주도 있으니 누구나 신나게 먹고 마시며 즐길 수 있어요.

독일의 맥주가 특히 유명한 이유는 독일에서 만든 맥주에는 '보리, 홉, 효모, 물' 이외에 다른 재료를 전혀 넣지 못하도록 규정하고 있어서 가장 순수한 맥주라고 할 수 있어요. 그런데 사실 독일은 물이 좋지 않아서 맥주를 즐겨 마신다고도 해요. 어쨌든 여러 지방마다 특색 있는 맥주를 만들기 때문에 독일인들의 맥주 사랑은 대단하답니다.

두 손 모아 기도하는 모습의 빵이 있다고요?

독일 사람들은 보통 빵, 감자, 소시지 등을 주식으로 해서 단순하면서도 소박하게 먹어요. 그중에서 소시지는 맥주와 아주 잘 어울리는 음식이지요. 독일어로는 '부어스트(wurst)'라고 하지요. 사용하는 재료나 조리법, 보관하는 방법 등에 따라 1,500여 가지가 넘는 다양한 소시지가 있어 독일을 '소시지의 나라'라고도 해요.

겉에 굵은 소금이 묻어 있어 짭짤하고 바삭한 '브레첼(bretzel)'이라는 빵도 맥주와 함께 먹기를 즐겨 하지요. 길게 반죽을 하여 둥글게 말았는데 가운데 매듭이 있어 하트 모양으로도 보이고, 나뭇가지 모양을 닮기도 했어요. 그런데 브레첼은 라틴어로 '조그만 보상'이란 뜻이에요. 그런 이름이 붙은 이유는 옛날 가톨릭교회의 수도사가 빵을 만들고 남은 자투리 반죽으로 어떻게 하면 아이들이 좋아할까 고민하다가 두 손을 가슴 앞에 모아 기도하는 모양을 만들었어요. 그리고 이 빵을 기도문 잘 외우는 아이들에게 상으로 주었기 때문이라고 해요. 브레첼을 받기 위해 아이들이 열심히 기도문을 외웠겠지요?

세상에서 가장 소중한 것

이탈리아, Italy

아주 먼 옛날, 이탈리아의 어느 마을에 농부와 딸 카타리나가 서로 의지하며 평화롭게 살고 있었어요.

어느 날 농부가 밭을 일구다가 번쩍번쩍 빛나는 황금 절구를 발견했어요.

"우와~ 이게 뭐야? 이걸 어쩌지?"

농부는 카타리나에게 뛰어가 물었지요.

"카타리나, 우리 밭에서 황금 절구가 나왔구나! 아주 귀한 것이니 임금님께 갖다 드려야겠다. 물론 아주 좋아하시겠지?"

하지만 카타리나는 고개를 저었어요.

"아버지, 제 생각에는 임금님께서 쿵쿵 찧는 황금 절굿공이는 어디 있느냐고 물으실 것 같아요."

"애야, 황금 절구를 가져가는데 좋은 선물을 내리시겠지 설마 절굿공이까지 찾으시겠니?"

다음 날 아침, 농부는 황금 절구를 들고 당당하게 궁전에 가서 임금님을 뵈었어요.

"임금님, 제가 저희 밭에서 귀한 황금 절구를 발견했습니다. 그래서 임금님께 드리려고 이렇게 아침 일찍 왔습니다."

"오, 정말 처음 보는 물건이로구나! 하지만 절구만 있으면 뭐하겠느냐? 가서 황금 절굿공이도 찾아오너라!"

"예? 절굿공이라고요? 에구머니, 임금님께서 제 딸 카타리나가 한 말을 그대로 하시네요."

"그래? 네 딸이 그렇게 말했단 말이지? 무척 흥미로운 아이로구나!"

갑자기 카타리나가 궁금해진 임금님은 농부에게 '삼 껍질로 짠 실 한 꾸러미'를 주셨어요.

"절굿공이는 됐고, 지금 당장 집으로 돌아가서 이 실로 한 부대의 병사들이 입을 만큼 옷을 지어오너라."

어머나, 이를 어째요? 삼실 한 꾸러미로는 병사 한 사람의 옷도 지을 수 없는 양이거든요.

농부가 땅이 꺼질 새라 한숨을 쉬며 집으로 터벅터벅 걸어왔어요.

궁전에 다녀온 일을 자세히 딸에게 말하자 카타리나는 살며시 웃으면서 말했어요.

"착한 우리 아버지, 걱정 마세요! 저에게 다 생각이 있어요."

그리고는 삼실을 살살 흔들었지요. 그랬더니 뾰족한 가시 세 개가 톡톡톡 떨어졌지요.

"아버지, 임금님께 가셔서 이 가시 세 개로 베틀을 만들어 주시면 옷을 지어 가겠다고 말씀하셔요."

"얘야, 어떻게 감히 임금님의 말씀을 거역할 수가 있겠니? 우린 이제 큰일 났다."

"이건 임금님께서 저를 시험하시는 거예요. 이걸로 절대 한 부대의 병사 옷을 지을 수 없다는 건 임금님도 아시는 걸요."

다음 날, 임금님 앞으로 간 농부는 병사들의 옷을 지어오지 못해서 너무 두려웠어요. 그래서 생쥐만큼 작은 소리로 카타리나의 말을 전했지요.

"하하하. 뭐라고? 아주 영리하고 겁이 없는 아이로구나!
좋다! 내가 네 딸을 직접 보고 싶으니 내일 당장 궁전으로 보내거라.
단, 옷을 입거나 벗어도 안 되고, 밥을 먹거나 굶어서도 안 되며,
걷거나 짐승을 타고 와서도 안 되고, 낮에 오거나 밤에 와도 안 된다.
이 중에 하나라도 지키지 못하면 너와 네 딸은 큰 벌을 받게 될 것이다!"

농부는 어찌할 바를 몰라 바들바들 떨며 집으로 돌아왔어요. 카타리나는 이번에도 전혀 걱정하지 않았어요.

"아버지, 저를 믿고 푹 주무세요."

다음 날 일찍 일어난 카타리나는 옷이 아닌 그물로 몸을 휘감고, 밥이 아닌 풀을 먹었으며, 양의 등에 한쪽 발을 올리고 한쪽 발은 땅을 밟으며 움직였어요. 또 낮도 밤도 아닌 해가 뜰 무렵 궁전에 도착했지요.

"임금님, 안녕하세요? 제가 바로 황금 절구를 바친 농부의 딸 카타리나입니다."

함께 있던 신하들이 화들짝 놀라며 말했어요.

"임금님의 말씀을 하나도 어긴 것이 없습니다. 대단한대요!"

임금님께서도 카타리나의 영리함과 당당함에 감탄하며 미소를 지으셨어요.

"오호라, 내가 찾던 신부가 바로 너였구나! 난 늘 지혜롭고 아름다운 왕비를 맞이하고 싶었는데 말이다. 하하하"

그리하여 카타리나와 임금님은 온 백성들의 축복 속에서 아름다운 결혼식을 올렸어요.

"슬기로운 카타리나가 왕비님이 되셨으니 우리 백성들에게도 잘 된 일이에요."

"그러게 말이에요. 두 분이 행복하게 오래오래 사셨으면 좋겠어요."

결혼식을 올리고, 임금님은 카타리나에게 딱 한 가지 약속만 지켜달라고 했어요.

"카타리나 왕비, 난 내가 하는 일에 누가 이래라저래라 간섭하는 것을 제일 싫어하니 절대로 참견하지 말아주시오!"

"네, 알겠습니다. 만일 제가 약속을 지키지 못하면 아버지가 계신 옛집으로 돌아가겠습니다."

카타리나 왕비까지 들어와 궁전은 평화로웠어요.

그런데 문제가 생겼지 뭐예요?

임금님의 판결이 억울하다고 생각하는 백성들이 카타리나에게 와서 지혜를 구하는 거예요. 카타리나는 백성들의 입장에서 기꺼이 의논해 주었지요.

하지만 이를 안 임금님은 불같이 화를 내셨어요.

"왕비, 내가 그렇게 일렀거늘 감히 내가 하는 일에 간섭하다니! 약속을 어겼으니 당장

옛집으로 떠나시오!"

"임금님의 말씀을 어기려고 한 것은 아니지만 제가 약속을 못 지킨 것은 분명하니 떠나겠습니다."

"대신 그동안의 정을 생각하여 당신이 궁전에서 가장 소중하게 여기는 것 딱 한 가지만 가지고 가도 좋소."

"네, 그렇게 하겠습니다. 하지만 마지막으로 당신과 저녁 식사를 함께하고 행복한 마음으로 떠날 수 있도록 허락해 주세요."

카타리나는 임금님과 함께 포도주를 마시며 맛있게 저녁 식사를 했어요.

배가 부르고 피곤했던 임금님은 소파에 누워 깊은 잠에 빠지셨지요.

그러자 카타리나는 신하들을 불러 모았어요. 그리고는 임금님께서 누워계신 소파를 번쩍 들도록 하여 옛집으로 돌아갔지요.

아침에 눈을 뜬 임금님이 깜짝 놀라 물으셨어요.

"여기는 도대체 어디냐? 이게 어떻게 된 일인지 설명해 보아라!"
카타리나는 당황하지 않고 차분히 말했어요.
"임금님, 궁전에서는 물론이고, 이 세상에서 제게 가장 소중한 것은 바로 당신입니다. 그래서 여기로 모셔왔지요."
임금님은 크게 웃으며 카타리나와 함께 궁전으로 돌아왔고, 그때부터는 왕비와 의논하기를 좋아하셨답니다. 지혜로운 카타리나 왕비님, 최고!

챠오 Ciao, 이탈리아

🍦 모나리자가 태어난 나라! 🍦

이탈리아는 국토가 장화처럼 생긴 반도(삼면이 바다로 둘러싸이고 한 면은 육지에 이어진 땅)와 섬으로 이루어진 나라예요. 고대 로마제국 시대에는 드넓은 영토를 다스렸으며 그리스와 함께 서양 문화의 발전을 이끌었어요. 그래서 이탈리아의 수도 로마와 피렌체는 도시 전체가 박물관이라고 할 수 있을 정도로 수많은 유적과 유물, 예술 작품이 남아 있어요. 유럽에는 '르네상스'라고 해서 예술과 학문 등 문화가 특히 발달한 시기가 있는데 그 중심에 이탈리아가 있었지요. 르네상스를 대표하는 예술가로 《모나리자》를 그린 레오나르도 다빈치(Leonardo da Vinci 1452~1519)는 그림뿐만 아니라 조각, 건축, 과학 등 여러 방면에서 활약한 천재 예술가예요. 또 《다비드》를 조각하고 《천지창조》를 그린 미켈란젤로, 라파엘로가 있어요.

이탈리아 사람들은 노래를 잘 부르는 것으로도 유명해요. '오페라(opera)'는 오케스트라의 반주로 등장인물들의 대사가 노래로 이루어지는 연극으로 피렌체라는 도시에서 시작되었어요. 그래서 이탈리아에는 스칼라 극장 등 유명한 오페라 극장과 작곡가가 많이 있지요. '깐소네(canzone)'는 밝은 느낌의 노래로 가사도 단순하고 솔직해서 누구나 쉽게 부를 수 있어요. 이탈리아 사람들의 감성을 담고도 세계적으로 사랑받는 '오! 솔레미오', '산타루치아' 같은 곡들이 있지요. 또 사랑하는 사람에게 고백할 때에도 연인의 창가에서 작은 악기를 연주하며 낭만적인 노래로 했는데 '저녁 음악'이라는 뜻으로 '세레나데(serenade)'라고 한답니다.

물 위의 도시에서 가면무도회가 열린다고요?

이탈리아에는 '물 위의 도시'라고 불리는 베네치아(=베니스)가 있는데 약 100여 개의 섬으로 이루어져 있어요.

섬과 섬을 연결하는 다리가 400여 개나 있고, 바닷물의 침수를 막기 위해 200여 개의 운하가 있지요. 그래서 여기서는 이동할 때 수상 버스(바포레토vaporetto라고 불림), 수상 택시, 또 줄무늬 티셔츠를 입은 뱃사공이 노를 젓는 '곤돌라(gondola)'라고 하는 바이킹 모양의 배를 타요. 이처럼 베네치아는 미로처럼 신기하기도 하고 동화처럼 아름다운 도시에요.

베네치아에서는 매년 사순절 이전 약 10일간 '베네치아 카니발(Venezia Carnival)'이 열려요. 옛날에는 엄격한 신분사회였기 때문에 평민들은 귀족들에게 함부로 할 수 없었지요. 하지만 카니발이 열리는 이 기간에는 모든 사람이 가면을 써서 서로 얼굴을 알아볼 수 없도록 했어요. 그래서 누구나 동등한 위치에서 마음껏 축제를 즐겼기 때문에 '자유의 축제'라고도 하지요. 축제 기간 베네치아의 중심에 있는 산마르코 대성당의 광장에서 화려한 가면과 의상을 입고 거리를 누비는 가면무도회는 물론 가장행렬, 음악 공연, 민속전시회, 야간 파티, 불꽃 쇼 등 다양한 행사가 펼쳐진답니다.

스파게티를 포크에 돌돌 말을 땐 시계 방향으로~

이탈리아를 대표하는 음식으로는 피자와 스파게티가 있어요. 피자는 원래 화덕에서 납작하게 구워 올리브 기름과 식초에 담근 양파를 얹어 먹던 빵인 '마레툼'에서 유래했다고 해요. 그런데 나폴리에서 마레툼에 모짜렐라 치즈, 토마토, 바질(초록색 향신료) 등을 토핑으로 얹어 먹으면서부터 '피자'라고 불렸어요. 또 밀가루를 반죽하여 만든 이탈리아 국수 요리를 '파스타'라고 해요. 길이가 짧고 속이 빈 원통형은 '마카로니'라고 하며 가늘고 긴 국수를 '스파게티'라고 하지요. 각 지역에서 나는 특산물인 해산물, 버섯 등을 넣어 요리하는데 토마토가 들어오면서 더욱 풍부한 맛을 내게 되었어요. 여기서 잠깐, 스파게티는 포크에 돌돌 말아먹는데 포크를 돌릴 땐 시계 방향으로 돌려먹어야 행운이 찾아온다는 속설이 있답니다.

땅 위를 달리는 배

 핀란드, Finland

옛날 아주 먼 옛날, 핀란드의 깊고 울창한 숲 속 마을에 삼 형제가 살고 있었어요.

"한스, 넌 어쩌자고 이 추운 날 벌거벗고 집에 돌아온 게냐? 또 거지한테 옷과 신발을 벗어주었겠지?"

"하하하. 형님, 저를 너무 잘 아시네요. 하지만 저에게는 이렇게 형님들께 물려받은 옷들이 넘쳐나는걸요."

삼형제 중 첫째와 둘째는 나무를 베다 파는 장사를 해서 아주 부자였지만 욕심이 끝도 없었어요. 하지만 막내인 한스는 열심히 일해 번 돈을 모두 어려운 사람들 돕는 데 써서 늘 가난했지요.

하루는 나무를 팔러 시장에 간 한스가 흥미로운 소식을 가지고 집으로 돌아왔어요.

"형님들, 아름답기로 소문난 공주님께서 신랑감을 찾는다는군요. 그런데 임금님께서 희한한 조건을 내 걸으셨어요. 글쎄 바다가 아닌 땅 위를 달리는 배를 타고 궁전에 온 다음 임금님께서 내시는 세 가지 문제를 해결해야 한다는군요."

"뭐라고? 배를 땅 위에서 달리게 한다고? 임금님께서 정신이 이상해지신 게 아닐까? 어떻게 그런 불가능한 일을 문제로 내셨지?"

"그렇지만 임금님께서 터무니없는 일을 하시는 분은 아니시니 우리가 한 번 배를 만들어 보는 게 어떨까?"

"큰형님, 그게 가능한 일일까요? 저는 아무래도 안 되는 일인 것 같아요."

하지만 첫째는 어떻게든 배를 만들어서 임금님의 사위가 되어 세상에서 제일가는 부자가 되고 싶었어요.

다음 날부터 힘센 일꾼들을 모아서 나무를 잔뜩 벤 다음 부지런히 배를 만들었지요.

드디어 배가 완성되어 움직여 보았어요.

"영차, 영차! 모두모두 힘을 모아 영차, 영차!"

하지만 배는 꿈쩍도 하지 않았죠.

첫째가 실패하자 이번에는 둘째가 도전했어요. 그러나 둘째 역시 실패하고 말았지요.

"아이고, 이를 어쩌나? 배는 만들지도 못하고 그동안 가지고 있던 전 재산만 날렸네."

두 형이 모두 속상해하자 이번에는 한스가 도전해 보기로 했어요.

'형님들이 모두 실패해서 실망해 계시네! 그렇다면 이번엔 내가 꼭 땅 위를 달리는 배를 만들고야 말겠어!'

한스는 일꾼을 쓸 돈도 없었어요. 그래서 하는 수 없이 집에 있던 호밀 빵과 연어 스프를 챙겨 숲으로 들어갔지요.

'나는 누구의 도움도 없이 스스로 만들어야 해. 시간이 걸리긴 하지만 끝까지 해 보겠어!'

한스가 튼튼한 나무를 베려고 하는데 허름한 옷차림의 할머니가 다가왔어요.

"이봐요, 젊은이. 내가 너무 배가 고파서 그러니 먹을 것 좀 나눠주시오."

착한 한스는 잠시도 망설이지 않고 집에서 가져온 빵을 할머니께 드렸어요.

"마침 저에게 호밀 빵이 있어요. 좀 거칠긴 하지만 꼭꼭 씹어 드세요."

할머니가 한스가 내 준 빵을 맛있게 드시고 말씀하셨어요.

"고맙네, 젊은이! 배가 고프던 차에 정말 잘 먹었네."

"별말씀을요. 할머니께서 잘 드셨다니 제가 더 감사한 걸요! 하하하"

"마음 씀씀이가 고운 젊은이로구먼! 감사의 뜻으로 내가 간직하고 있던 호루라기를 줄 테니 언젠가 도움이 필요할 때 불면 도움이 될 걸세."

할머니가 떠나시고 한스는 다시 힘차게 나무를 베었어요.

그런데 이번에는 저쪽에서 추위에 벌벌 떨고 있는 할아버지가 보였어요.

"할아버지, 왜 이러고 계세요? 저는 나무를 베어 지금 몹시 더우니 제 옷을 드릴게요. 입으면 금방 따뜻해지실 거예요. 그리고 제가 따뜻한 스프를 만들어 드릴게요. 잠시만 기다리세요."

한스는 모닥불에 자신이 가져온 연어 스프를 따끈하게 데워 드렸어요.

"이렇게 맛있는 스프는 처음 먹어보네. 자네의 따뜻한 마음씨에 감동했으니 소원 한 가지를 말해보게."

"아닙니다, 할아버지. 이제부터 제가 땅 위를 달리는 배를 만들 테니 스프 드시면서 천천히 구경이나 하세요."

"뭐라고? 땅 위를 달리는 배라고? 그거라면 나에게 있다네. 조금만 기다려 보게!"

잠시 후 할아버지는 정말로 스르륵 숲을 달려오는 배를 타고 나타나셨어요.

"우와! 정말로 땅 위를 달리는 배가 있었군요."

"그렇다네! 나에게는 별로 쓸모가 없으니 자네에게 주겠네."

"할아버지, 제게 이런 귀중한 선물을 주시다니 정말 감사합니다!"

한스는 선물로 받은 배를 타고 궁전으로 향했어요.

가는 길에 고기라면 얼마든지 먹어 치운다는 '홀쭉한 남자',

술이라면 끝없이 마신다는 '뚱뚱한 남자',

번개처럼 빨리 달릴 수 있다는 '발이 큰 남자',

입김을 세게 분다는 '입이 큰 남자'를 만났어요.

모두 임금님이 사시는 궁전에 가보고 싶다고 해서 한스는 배에 태우고 함께 떠났어요.

땅 위를 달리는 배를 타고 한스가 궁전에 도착하자 모든 사람이 깜짝 놀랐어요.

하지만 임금님께서는 전혀 놀라지 않으시고, 이제 세 가지 문제를 해결해야 한다고 큰소리로 말씀하셨어요.

"첫 번째, 내일 아침까지 토끼 삼백 마리를 잡아 오너라!

 두 번째, 잡아온 토끼는 창고에 가두고, 대신 창고에 가득 찬 고기와 술을 모두 먹어 치워라!

세 번째, 고기와 술을 먹어 배가 부를 테니 땅끝마을에 가서 아픈 백성을 치료할 수 있는 '생명의 물'을 가져온 후 내 욕조에서 깨끗하게 목욕을 하고 다시 이 자리로 오너라!"

한스는 곰곰이 생각하고는 한 가지씩 해결해 나갔어요.

첫 번째, 도움이 필요할 때 불라고 할머니께서 주신 호루라기를 불어 토끼 삼백 마리를 모았지요.

두 번째, 배에 태운 '홀쭉한 남자'와 '뚱뚱한 남자'를 창고로 불러 고기와 술을 모두 먹도록 하고, 빈 창고에 토끼들을 가뒀어요.

그리고 세 번째, '발이 큰 남자'에게 번개처럼 달려가 '생명의 물'을 가져오라고 부탁한 다음 마지막으로 임금님 욕조로 갔어요. 그랬더니 펄펄 끓는 물로 가득 채워져 있었지요.

한스는 '입이 큰 남자'를 불러 입김을 불어 물을 시원하게 한 다음 깨끗하게 목욕했어요.

그리고 당당하게 '생명의 물'을 가지고 임금님 앞에 갔지요.

"허허허. 이렇게 모든 문제를 해결할 수 있었던 것은 자네가 그동안 많은 사람에게 도움을 주었기 때문이라네. 어려운 사람을 돕는 것이 곧 나와 모두를 위한 일이지!"

그리하여 한스는 임금님의 약속대로 아름다운 공주님과 결혼을 하였고, 어려운 백성을 도와주며 오래오래 행복하게 잘 살았답니다.

모이 Moi, 핀란드

산타클로스가 답장을 해준다고요?

핀란드는 유럽의 가장 북쪽에 자리하고 있는 나라로 울창한 숲과 크고 작은 호수가 많이 있어요. 국토의 70% 이상이 숲이어서 나무와 관련된 산업이 발달해 있지요. 대부분 날씨가 추운 북극권에 속해 있어서 소나무, 자작나무와 같은 침엽수가 대부분을 차지하고 있으며 곰, 늑대, 순록 등 야생동물도 많이 살고 있어요. 또 호수의 면적이 국토의 10%를 차지할 만큼 매우 넓게 있어요. 그래서 핀란드 사람들은 자신의 나라를 '호수와 숲의 나라'라는 뜻의 '수오미(Suomi)'라고 부르기도 하지요. 아름다운 자연을 유지하기 위해 깨끗한 환경을 만들도록 노력하며 야생 동물을 보호하는 하는 일에 모두가 앞장서서 실천하고 있어요.

하얀 눈이 많이 내리고, 순록이 사는 핀란드에는 산타클로스가 사는 마을이 있어요. 사실 산타 마을은 노르웨이의 오슬로 등 전 세계 여러 곳에 있으나 핀란드 북부에 있는 도시 로바니에미에 있는 산타 마을이 가장 유명해요. 이곳의 중심에 위치한 산타클로스 사무실에서는 일 년 내내 산타 할아버지와 이야기를 나누고 사진을 찍을 수도 있으며, 순록이 끄는 썰매를 직접 체험해 볼 수도 있어요. 또 산타 마을에는 우체국과 산타 공원 등이 있지요. 우체국에는 전 세계에서 보낸 어린이들의 편지로 가득한데 이곳에 편지가 도착하면 빨간 옷을 입은 엘프들이 산타를 도와 일일이 답장을 써준답니다.

뜨끈뜨끈 사우나에서 몸을 녹여 보자구~

겨울이 길고 유난히 추운 핀란드에서는 '사우나(sauna)'를 해요.
사우나는 핀란드 말로 '목욕'이라는 뜻으로 하루 일을 마치고 사우나를 즐기기 때문에 핀란드 사람들에게 사우나는 생활의 한 부분이라고 할 수 있어요. 그래서 핀란드에는 옛날부터 '사우나가 먼저, 식사는 나중에'라는 말이 있을 정도예요.

전통 사우나 방법은 먼저 뜨겁게 달군 돌에 물을 끼얹어 그 증기를 쐬지요. 몸이 뜨거워지면 자작나무 가지로 피부를 비비거나 두드려서 근육 마사지를 하고, 차가운 물로 샤워하거나 호수에서 수영해요. 그러면 피부도 건강해지고,
겨울에도 감기에 걸리지 않는다고 해요. 그래서 핀란드에서는 집을 지을 때 사우나를 먼저 짓고, 아파트의 경우에도 지하에 공동 사우나 시설을 꼭 짓는답니다.

핀란드 사람들의 자부심, 3S!

핀란드는 스웨덴과 러시아, 노르웨이와 국경을 맞대고 있어요. 그래서 스웨덴과 러시아의 지배를 600년 이상 받다가 1918년에야 독립을 했지요. 오랜 세월 동안 이웃 나라의 지배를 받으면서도 자신들의 고유한 문화와 언어를 지켜내며 정체성을 잃지 않고 꿋꿋이 살아남았어요. 게다가 놀라운 경제 발전도 이루었지요. 그래서 핀란드 사람들에게 힘이 되어준 것을 '3S'라고 하지요. 바로 시벨리우스(Sibelius), 시수(Sisu), 사우나(Sauna)예요.

먼저 시벨리우스(Sibelius, 1865~1957)는 《핀란디아(Finlandia)》를 작곡한 핀란드의 작곡가예요. 핀란디아는 러시아의 지배를 받던 시절 핀란드의 아름다운 자연을 음악으로 표현하였는데 핀란드 국민들은 이 음악을 들으며 조국에 대한 사랑을 불태웠고, 나라를 독립시키고자 애썼다고 해요. 그래서 오늘날까지 애국가만큼이나 사랑을 받고 있는 곡이지요. 또한 시수(Sisu)는 핀란드인의 정신으로 어떠한 상황에서도 절대 포기하지 않고 끝까지 노력한다는 마음 자세에요. 마지막으로 사우나(Sauna)는 혹독한 겨울을 견뎌내는 자기들만의 방식이 있었다는 거예요. 이렇게 끈기 있게 노력한 정신과 근면한 태도, 수준 높은 교육 등으로 인해 핀란드는 세계에서 살기 좋은 나라로 손꼽힌답니다.

바실리사와 바바야가

 러시아, Russia

옛날 옛적, 러시아의 어느 마을에 어여쁜 바실리사라는 소녀가 살고 있었어요.

아버지께서는 세상 여러 곳을 다니며 장사를 하셨기 때문에 늘 바쁘셨어요. 그래서 바실리사는 상냥한 엄마와 정답게 시간을 보냈지요.

바실리사가 여덟 살이 되는 해, 어머니께서 큰 병에 걸리셨어요.

"가엾은 우리 바실리사! 엄마가 너를 끝까지 지켜주지 못해서 미안하구나."

하시면서 여자 인형을 하나 건네주셨어요.

"이 인형에 엄마의 축복을 가득 담았단다. 네가 힘들고 외로울 때 인형에게 먹을 것을 주고 부탁을 하렴. 기꺼이 너를 도와줄 거야. 이 인형을 항상 몸에 지니고 있어야 한다. 사랑한다, 예쁜 우리 딸!"

　인형을 남기고 어머니께서는 세상을 떠나셨어요. 바실리사는 하늘이 무너질 듯 슬펐지요.
　세월이 흘러도 바실리사가 외로움을 느끼자 아버지께서는 두 딸이 있는 여자와 결혼을 하셨어요. 이제 바실리사에게도 새어머니와 두 언니가 생긴 것이지요.
　하지만 두 언니와 새어머니는 바실리사를 미워했어요. 그래서 온갖 힘든 집안일을 시켰지요.
　"바실리사, 또 빈둥거리고 있는 거니? 넌 어쩜 이렇게 온종일 놀기만 하니?"
　"죄송해요. 어머니!"
　"집안 꼴이 이게 뭐냐? 빨리 온 집안을 반짝반짝 빛나게 청소해 놓고, 언니들 옷도 깨끗이 빨고 다림질을 해 놔라. 아, 그리고 지금 배도 몹시 고프구나. 음식부터 먼저 만들고~"
　바실리사는 힘들기도 하지만 어머니가 남겨주신 인형에 의지하며 씩씩하게 견뎌냈어요.
　하루는 새어머니와 두 언니가 바실리사를 골탕 먹이기로 했지요.

그래서 일부러 집안을 깜깜하게 만들었어요.

"바실리사, 어디에 있니? 집안이 어두우니 아무것도 보이지 않는구나! 지금 당장 숲에 가서 불씨를 구해오너라! 어서!"

불씨는 숲 속의 오두막집에 사는 마귀할멈 바바야가의 집에 있었어요.

"어머니, 내일 아침 일찍 갈게요. 지금 혼자 가려니 너무 무서워요."

바바야가가 사람을 잡아먹는다는 소문 때문에 마을 사람들은 무서워 밤이 되면 바바야가의 오두막집 근처에도 가지 않았거든요.

"당장 가지 못하겠니? 달빛이 이렇게 휘영청 밝은데 뭐가 무섭다는 거니?"

바실리사는 어쩔 수 없이 어머니께서 남기신 인형을 가슴에 품고 용기를 내어 숲으로 들어갔어요.

- 부엉부엉, 끼루루루루 -

음침한 동물 소리도 무서웠지만 사방이 온통 깜깜해서 바실리사는 몇 번을 넘어졌어요. 하지만 또다시 일어나 바바야가의 집을 찾아 걷고 또 걸었지요.

"킁킁킁, 어디서 싱싱한 사람 냄새가 나는데?"

마귀할멈 바바야가가 바실리사를 보고는 코를 벌름거리며 음흉한 미소를 지었어요.

"낄낄낄, 넌 누구냐?"

"네, 저는 바실리사라고 하는데 불씨를 구하려고 합니다. 도와주세요!"

"불씨라고? 그건 우리 집에 얼마든지 있지. 내가 시키는 일을 다 하면 불씨를 주마. 하지만 다 하지 못했을 땐 너를 잡아먹을 테다! 그래도 괜찮겠지?"

"네, 알겠습니다."

바실리사는 두렵기도 했지만 불씨를 구하지 못하면 집에 가도 혼날 것이 뻔했거든요. 그래서 마귀할멈 바바야가를 따라 오두막집으로 갔어요.

바바야가의 오두막은 온갖 뼈와 해골들로 지어진 무시무시한 집이었어요.

"내일 아침 일어나자마자 마당을 쓸고, 집 안 청소를 한 다음, 맛있게 빵을 구워놓고, 그리고, 그리고……"

바바야가는 일을 잔뜩 시켜놓고 깊은 잠에 빠졌어요.

아침이 되자 절구통을 타고는 쌩하니 어디론가 날아갔지요.

'인형아, 나 너무 무서워. 하지만 네가 도와줄 거라고 믿어!'

바실리사가 인형에게 음식을 먹였어요. 그러자 인형은 바바야가가 시킨 산더미 같은 그 일들을 뚝딱 해치웠지요.

어둑어둑해질 무렵, 바바야가가 오두막집으로 돌아왔어요.

그리고는 깜짝 놀라 말했어요.

"아니, 어떻게 이 많은 일을 척척 다 해낸 게냐?"

"네, 저는 돌아가신 어머니의 축복을 받았기 때문이에요."

"뭐라고? 난 축복받은 것들은 꼴도 보기 싫다! 당장 내 집에서 나가라! 에잇!"

바바야가가 시킨 일을 다 했기 때문에 약속대로 두 눈에서 불이 활활 타오르는 해골 하나를 받았어요. 바실리사는 기쁜 마음으로 가슴에는 인형을 품고, 눈에서 불이 나오는 해골을 들고 집으로 돌아왔어요.

"어머니, 언니들! 제가 불씨를 구해왔어요. 문 열어주세요!"

"뭐라고? 정말이냐?"

어머니가 깜짝 놀라 말했어요.

"어머나, 세상에! 어떻게 바바야가에게 불을 얻어 살아서 돌아왔을까요? 바실리사가 마귀가 된 게 틀림없어요!"
 언니들이 소리치며 호들갑을 떨자 해골의 두 눈에서 불이 뿜어져 나왔어요. 그 불은 새어머니와 두 언니의 몸을 활활 태웠지요. 그리고 집마저도 잿더미가 되고 말았어요.

 아무리 자신을 괴롭혔어도 새어머니와 언니들이 죽자 바실리사는 하염없이 눈물을 흘렸어요.
 그 모습을 같은 마을에 사는 마음씨 좋은 할머니가 지켜보셨어요.
 "얘야, 바실리사! 그만 울어라. 이제 살 곳도 없어졌으니 네 아버지가 오실 때까지 우리 집에서 나와 함께 지내자꾸나."
 그때부터 바실리사는 할머니 일을 도우며 살게 되었어요. 할머니께서는 옷감 짜는 일을 하셨는데 바실리사에게도 친절히 가르쳐 주셨지요. 바실리사는 옷감 짜는 일이 너무 재미있었어요. 그래서 감사의 마음을 담아 고운 옷감을 짜서 할머니께 드렸지요.
 "이렇게 훌륭한 옷을 만들다니! 이건 임금님께 바쳐야겠다."
 임금님께서도 할머니가 가져온 옷이 마음에 쏙 들었어요.
 "오, 이렇게 멋진 옷을 만든 사람이 보고 싶구나!"
 임금님께서는 할머니와 바실리사를 궁전으로 초대하셨어요.
 "임금님, 저는 바실리사라고 합니다. 할머니께서 가르쳐 주셔서 만든 것이지 저는 별로 솜씨가 없답니다. 하지만 좋아해 주셔서 진심으로 감사해요!

"오, 아름다운 모습에 겸손한 마음까지 갖춘 아가씨로구나!"

임금님은 바실리사의 모든 점이 마음에 들어 바로 사랑에 빠졌어요.

"바실리사, 나랑 결혼해 주시오."

그렇게 해서 바실리사는 할머니와 아버지를 궁전에 모시고 와서 임금님과 함께 행복하게 잘 살았답니다.

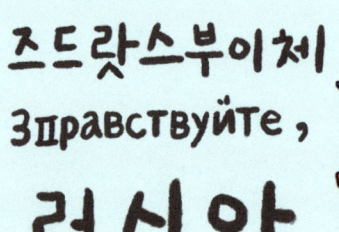

즈드랏스부이체, Здравствуйте, 러시아

 시베리아 횡단 열차는 6박 7일을 달리고, 달리고~

러시아는 세계에서 가장 영토가 넓은 나라예요. 아시아와 유럽에 걸쳐 많은 부분을 차지하고 있어 중국을 비롯하여 핀란드 등 10개 이상의 나라와 국경을 접하고 있지요. 이렇게 땅이 넓다 보니 150여 개가 넘는 민족들이 함께 살고 있으며 교통 시설로는 철도와 항공이 발달했어요. 그래서 러시아에는 세계에서 가장 긴 철도가 있지요. 바로 러시아대륙의 동쪽과 서쪽을 잇는 '시베리아 횡단 철도'에요. 길이가 지구 둘레의 4분의 1(약 9,300km)에 가까운 거리라니 정말 어마어마하지요? 출발지인 모스크바에서 종착역인 블라디보스토크까지 가는 승객들은 열차 안에서 자그마치 6박 7일을 보내야 해요. 그 사이 산을 넘는 것은 물론 끝없는 초원과 눈밭을 가로질러 열차는 열심히 달려가지요.

국토가 동서양에 걸쳐 있다는 특성 때문에 러시아는 아시아와 유럽이 혼합된 독특한 문화를 가지고 있으며 유명한 예술가도 많이 있어요. 『전쟁과 평화』, 『안나 카레니나』 등을 쓴 톨스토이(Lev Nikolayevich Tolstoy 1828~1910), 『죄와 벌』의 도스토예프스키 같은 유명한 문학가도 있고, 《백조의 호수》, 《호두까기 인형》, 《잠자는 숲속의 미녀》 등 음악으로 우리의 마음을 설레게 한 작곡가 차이코프스키(Tchaikovsky 1840~1893)도 있지요. 이 곡들은 발레 음악이 되기도 했어요. 러시아의 발레는 수많은 사람의 사랑을 받으며 공연되고 있어요. 그중에서 '볼쇼이 발레단', '마린스키 발레단'은 최고의 발레리나, 발레리노들로 구성되어 있어 세계 최고의 수준을 자랑한답니다.

추위야, 썩 물렸거라!

러시아는 영토가 넓어 기후가 지역에 따라 다양하긴 하지만 절반 이상을 차지하는 시베리아 지역은 북극과 가깝고 바다의 영향을 적게 받아요.

그래서 여름은 짧고 서늘하며 겨울이 길고 매우 춥지요. 하지만 러시아 사람들은 오랜 세월 동안 추위에 적응해서 살고 있어요. 추위를 이기는 방법으로 러시아의 웬만한 집에는 '페치카(pechka)'가 있는데 벽 한쪽의 일부를 난로로 만든 것이에요. 집을 따뜻하게 해주는 것은 물론 음식도 데워먹지요. 또 러시아식 전통 사우나 '반야(banya)'도 빠질 수 없어요. 그리고 '보드카(vodka)'가 있는데 러시아말로 '물'이라는 뜻이지만 우리나라의 소주처럼 러시아의 대표적인 술이에요. 보드카는 추위를 견디기 위해 마시기도 하지만 감기에 걸리거나 배가 아플 때도 마시고, 과일을 섞는 등 다양한 방법으로 마셔요. 이 밖에도 찬바람이 세차게 부는 긴 겨울을 나기 위해 러시아 사람들은 동물의 털을 이용한 모자를 많이 쓰지요. 그중에 샤프카(shapka)라고 불리는 모피모자는 따뜻하기도 하지만 건물에서 떨어지는 고드름으로부터 머리를 보호해주기도 한답니다.

마트료시카가 알을 품었다고요?

'마트료시카(Matryoshka)'는 나무를 깎아서 만든 러시아의 전통 인형이에요. 동글동글한 모양의 인형을 돌려서 열면 모양과 색깔은 똑같지만 크기가 작은 인형들이 대여섯 개부터 많게는 서른 개가 넘도록 계속 나오는 것이 신기하기만 하지요. 마트료시카라는 이름은 러시아어로 예쁜 여자를 '마트료나'라고 부르는데 여기서 따온 것이라고도 하고, 어머니라는 뜻의 '마티'에서 나온 단어라고도 해요. 하여튼 아기를 많이 낳기를 기원하며 만들어 '어머니의 인형' 또는 '알을 품은 인형'이라고도 불리며 '끊임없는 행운'을 상징하지요.

전통적으로 앞치마에 두건을 쓰고 손에는 꽃이나 닭 등을 들고 있는 그림이 그려져 있는 인형이 많아요. 하지만 최근에는 유명 연예인이나 역대 대통령을 모델로 하거나 고양이 등 동물 그림으로도 만들어지고 있어 그 인기를 실감할 수 있답니다.

● 아메리카 ●

옥수수를 심은 인디언 * 하이, 미국

순록으로 변한 아바 * 하우아유, 캐나다

아무도 살지 못하는 집 * 올라, 브라질

돌이 된 지팡이 * 올라, 페루

달님의 따뜻한 선물 * 바에이샤빠, 파라과이

행복한 벌새가 된 아들 * 코모 에스타스, 아르헨티나

옥수수를 심은 인디언

🇺🇸 미국, United States of America

옛날 아주 먼 옛날, 미국의 어느 잔잔한 호숫가에 인디언들이 사는 마을이 있었어요. 이 마을의 이름은 '싸우지 않는 사람들이 모여 사는 곳'이었지요.

여기서는 모두 각자 다른 일을 하면서 행복하게 지냈어요.

낚시를 잘하는 사람은 물고기를 잡고,

사냥을 잘하는 사람은 들짐승을 잡았으며,

음식을 잘하는 사람은 즐겁게 요리를 하면서 서로 나누고 살았어요.

또 함께 노래 부르기를 즐겨 했지요.

~

우리에겐 노래가 있어, 신나는 노래를 불러요.

바람이 얼굴에 불어 닥칠 때 우리는 노래를 불러요.

길을 잃어 외롭고 마음의 상처를 받으면 우리는 노래를 불러요.

나의 친구여, 우리 함께 있으니 더 바랄 게 무언가, 함께 노래를 불러요.

♪♫♬♩~

인디언 마을에는 사람마다 각각 어울리는 멋진 이름도 하나씩 있었지요.

그 마을에는 '지혜로운 바람의 파수꾼'이라는 이름의 남자가 살고 있었어요. 그는 힘이 아주 세서 호숫가 주변을 돌아보며 위험한 동물이 나타나면 용감하게 물리쳐 주어 마을은 더없이 평화로웠지요.

하지만 이 마을에도 걱정거리는 하나 있었어요.

그것은 먹을거리가 부족하다는 거예요.

물고기도, 들짐승도 열심히 잡았지만 마을에 아이들이 많아 배불리 먹을 수가 없었어요. 그래서 마을 어른들이 모여 회의를 했지만 별 뾰족한 수가 없었지요.

지혜로운 바람의 파수꾼의 큰아들인 '시끄러운 돼지의 행진'은 그 날도 아버지에게 말했어요.

"아, 배고파라! 아버지, 저는 배가 터지도록 먹어보는 게 소원이에요!"

"미안하구나. 아버지가 호숫가를 둘러보며 먹을거리를 찾아보마."

지혜로운 바람의 파수꾼은 어떻게 하면 아들을 포함한 마을의 모든 아이를 배불리 먹일 수 있을까 고민하며 호숫가를 지키고 있었어요.

뾰로롱~

그때 갑자기 붉은 깃털 모자를 쓴 자그마한 남자가 나타났어요.

"난 자네가 무슨 고민을 하는지 알지롱~"

"네? 제 고민을 아신다고요? 그럼 제 아들이 배불리 먹을 음식도 주실 수 있나요?"

"하하하. 겨우 한 명? 그리고 달랑 한 끼? 나를 너무 얕잡아 보는구먼! 나는 당신네 마을 전체를 배부르게 먹일 수도 있지롱~"

"오, 대단하십니다! 제발 방법을 알려주세요. 그러면 마을의 귀한 어른으로 모시고, 말씀하시는 대로 따르겠습니다."

"다 필요 없네! 대신 내가 지금 심심하니 나랑 씨름이나 한판 하세! 나를 넘어뜨리면 되지롱~"

두 사람의 씨름이 시작됐어요.

서로 허리춤을 부여잡고 힘을 겨루었지요.

"영차, 영차!"

"으라차차차!"

드디어 지혜로운 바람의 파수꾼이 붉은 깃털 모자를 쓴 남자를 번쩍 들어 넘기며 승리했어요.

"하하하. 씨름 한판 잘했네! 당신 진짜 힘이 세구만! 나를 쓰러뜨렸으니 말이야. 약속대로 자네가 이겼으니 배불리 먹을 수 있도록 해 주겠네."

"네, 감사합니다. 어떤 말씀이든 따르겠습니다."

"자네는 이제부터 내가 하는 말을 잘 들게나. 그리고 시키는 대로만 하면 많은 음식을 얻을 수 있게 될 거야. 이제 '당신을 던지겠소!'라고 큰소리로 외치며 나를 멀리 던지시게. 내가 떨어진 곳에는 붉은 수염 한 덩어리가 남을 게야. 그러면 그 수염과 껍질을 벗겨 여러 부분으로 쪼개서 들판에 던지면 되지롱~"

"그럼 죄송하지만 말씀대로 당신을 던지겠습니다."

지혜로운 바람의 파수꾼은 큰 소리로 "당신을 던지겠소."라고 크게 외치고는 시키는 대로 했어요. 그리고 남자가 떨어진 곳에 가보니 정말로 붉은 수염 한 덩어리가 있었지요.

붉은 깃털 모자를 쓴 남자의 말대로 수염과 껍질을 벗긴 후 잘게 쪼개서 들판에 던지며 소리쳤어요.

"자, 멀리멀리 퍼져 우리에게 배불리 먹을 음식으로 돌아오거라!"

하지만 들판에는 아무 일도 일어나지 않았어요.

'아니 어떻게 된 일이지? 다 거짓말이었나 봐. 들판에는 아무 일도 일어나지 않는걸. 내가 속은 걸까? 하지만 사람은 진실해 보였는데…….'

한참을 기다렸지만 들판에는 아무 일도 일어나지 않았어요. 크게 실망한 지혜로운 바람의 파수꾼은 집으로 돌아갔지요.

한 달쯤 지난 어느 날, 둘째 아들 '푸른 달빛의 노래'가 뛰어와 아버지를 불렀어요.

"아버지, 아버지! 저기 들판에 붉은 수염이 난 이상한 열매들이 잔뜩 열렸어요."

깜짝 놀란 지혜로운 바람의 파수꾼은 한걸음에 달려갔어요.

"야호!"

둘째 아들의 말대로 들판에는 붉은 수염이 난 열매로 가득했어요.

수염과 껍질을 벗겨내자 노랗고 통통한 알맹이들이 나란히 붙어 있었지요.

그때였어요.

바람을 타고 정겨운 목소리가 들려왔어요.

"지혜로운 바람의 파수꾼아, 그 노란 열매를 갈아서 빵을 만들어 먹어라! 그러면 절대 배고픈 사람이 없을 것이다. 이로써 나는 자네와의 약속을 지켰지롱~ 하하하"

붉은 깃털 모자를 쓴 자그마한 남자는 인디언 마을을 지켜주는 '다정한 자연의 신'이었던 거예요.

"감사합니다, 정말 감사합니다! 이 은혜는 절대 잊지 않겠습니다."

지혜로운 바람의 파수꾼은 진심으로 감사의 마음을 담아 하늘에 대고 소리쳤어요.

그 이후 인디언들은 이런 노래를 부르며 옥수수를 키워 모두 배불리 먹게 되었답니다.

♪♫♫♩
살아 있는 기쁨을 느끼는 4월은
옥수수를 심는 달~
나뭇잎이 짙어지는 6월은
옥수수의 수염이 나는 달~~
머리 아픈 일을 잊게 하는 8월은
옥수수가 은빛 물결을 이루는 달~~~
사슴이 땅을 파헤치는 9월은
풍성한 옥수수를 거두어들이는 감사의 달~~~~
♪♫♫♩

하이Hi, 미국

도로시가 회오리바람에 날려갔다고요?

오늘날 국제 사회에서 막강한 영향력을 펼치는 미국이지만 역사는 짧은 편이에요. 1498년 이탈리아의 탐험가 콜럼버스(Columbus, 1451~1506)가 아메리카 대륙을 발견하면서부터니까요. 사실 그의 꿈은 황금이 가득한 신비의 나라 '인도'로 가는 뱃길을 찾는 것이었어요. 하지만 항해 끝에 아메리카 대륙에 도착했고, 죽을 때까지 자기가 발견한 곳을 인도라고 생각했대요. 미국은 콜럼버스에 의해 유럽인들의 관심을 끌게 되면서 사람들이 모여들기 시작했어요. 현재는 세계 곳곳에서 수많은 인종이 모여 한 나라를 이루고 살기 때문에 '인종의 샐러드 접시', '인종의 용광로'라고 해요. 세계에서 세 번째로 면적이 넓으며 인구도 중국과 인도에 이어 세 번째로 많아요. '성조기'라 불리는 국기에 그려진 50개의 별처럼 50개의 주와 1개의 특별구로 이루어진 연방 국가로 각 주마다 조금씩 다르게 운영이 되지요. 인종 차별에 관한 갈등을 비롯해 여러 문제가 있지만 그래도 모든 국민이 평화를 꿈꾸며 자유롭게 살고 있어요.

국토가 넓은 만큼 기후도 다양해서 '폭풍의 신'이라는 뜻의 '허리케인(hurricane)'은 비와 함께 거센 바람을 일으켜 사람들이 다치거나 큰 손해를 입히기도 해요. 또 중서부의 넓은 평원에는 '토네이도(tornado)'라는 거대한 회오리바람이 해마다 800건 넘게 발생하지요. 동화『오즈의 마법사』에 나오는 도로시가 강아지 토토를 안고 오즈라는 마술 나라에 갈 수 있었던 것도 토네이도 바람 안으로 빨려 들어갔기 때문이랍니다.

인디언 서머에는 사냥을 하세요~

미국이 속해 있는 아메리카 대륙에는 오래전부터 대평원을 누비던 인디언들이 살고 있었어요. 사실 '인디언'이란 이름은 아메리카를 발견한 콜럼버스가 자신이 발견한 곳을 '인도'로 착각하여 원주민을 '인도인'이란 뜻으로 '인디언'이라 부른 것이지요. 그래서 요즘은 '아메리카 원주민'이라고 불러요. 인디언들은 나이가 많은 사람들이 세상을 살아가는 지혜가 많다고 하여 존경을 하며 받들었어요. 이름을 지어줄 때도 그 사람의 독특한 점을 생각하며 정감 있고, 특색 있게 지었지요. 또 가을이 끝나고 겨울로 넘어가기 전 갑자기 따뜻한 날씨가 찾아오는 시기가 있는데 이 시기를 인디언들은 '인디언 서머(Indian summer)'라고 해요. 비록 짧은 기간이지만 겨울잠을 자러 들어갔던 동물들이 갑자기 날씨가 따뜻해져 착각하여 동굴 밖으로 나오게 되는데 인디언들은 이 시기를 하늘이 주신 선물이라 생각하여 열심히 사냥을 한답니다.

청바지 입고 드넓은 초원을 말 타고 달린 카우보이!

처음 유럽 사람들이 미국에 이민 올 때 배를 타고 왔기 때문에 유럽에서 가까운 동쪽 지역에 대부분 모여 살았어요. 그런데 서쪽 지역에서 막대한 금이 발견되면서부터 많은 사람이 부자가 되려고 살던 곳을 버리고, 서부로 떠났지요. 이 시기를 '서부개척시대'라고 해요. 이때 인기를 끈 옷이 바로 '청바지'에요. 사람들은 부자가 되고자 금광에서 열심히 일했지만 보통 힘든 게 아니었어요. 게다가 일이 힘해서 옷이 금방 상했지요. 이 모습을 유심히 지켜 본 리바이 스트라우스(Levi Strauss, 1829~1902)라는 사람이 마차 지붕이나 텐트를 덮던 질긴 천을 잘라 바지로 만들었는데 튼튼해서 좋았어요. 이후 옷감을 데님으로 바꾸고 색깔도 파란색으로 염색해서 일반인들도 즐겨 입게 된 청바지가 탄생하게 되었지요.

미국 서부의 목장에서 소 떼를 모는 남자를 '카우보이'라고 불렀는데 카우보이들도 온종일 말을 타고 달렸기 때문에 튼튼한 바지가 필요했어요. 그래서 청바지를 입고 무릎에 가죽 덮개를 둘렀지요. 거기에 멋진 챙 모자를 눌러쓰고, 조끼를 입었으며 발끝이 뾰족한 부츠를 신었던 카우보이, 진정한 멋쟁이인 것 같지요?

순록으로 변한 아바

캐나다, Canada

먼 옛날, 캐나다의 어느 마을에 아바라는 예쁜 소녀가 살고 있었어요.
"아바, 오늘도 나무 인형을 만드는구나!"
어머니께서는 아바가 나무 인형을 만들다가 손이라도 다치지 않을까 늘 걱정하셨어요.
하지만 아바는 조용히 앉아 사부작사부작 나무로 인형 만들기를 좋아했지요.
"어머니, 저는 아무 모양이 없는 이 나무토막을 잘 다듬어 인형으로 만드는 일이 너무 즐거워요. 완성된 인형들이 저에게 고맙다고 말을 걸어 주는 것도 같고요. 만들 때 손을 조심할 테니 걱정하지 마세요."
그래서 아바의 방에는 여러 가지 모양의 나무 인형들이 가득 있었지요.

하루는 인형 만들 나무가 떨어져서 아바가 숲으로 들어갔어요. 그런데 인형 만들기에 적당한 나무를 찾다 보니 그만 숲 속 깊숙이 들어가 버리고 말았어요.

"푸드덕, 푸드덕, 오울~"

숲 속은 키 큰 나무들이 많아서 어두컴컴했고, 이상한 동물들의 울음소리까지 들렸어요.

"아이, 어쩌면 좋아. 너무 멀리 들어와 버렸네!"

아바는 무서워서 쪼그리고 앉아 머리를 파묻고 있었어요.

그때 마침 숲 속에 산책을 나온 카다크라는 소년이 아바를 보았지요.

"얘! 왜 그러고 있니? 어디 아파? 아니면 길을 잃어버렸어?"

숨죽이며 떨고 있던 아바는 카다크가 친절하게 물어봐 줘서 고마웠어요.

"인형을 만들 나무를 찾으려고 들어 왔다가 그만 길을 잃어버렸어. 나 좀 도와 줘!"

"그랬구나. 숲 속의 밤은 너무 추워. 오늘 밤은 우리 집으로 가자!"

카다크는 자그마한 오두막집에 마음씨 좋은 두 형과 함께 살고 있었어요.

오두막에 온 아바에게 카다크는 따뜻한 음식을 내어 주었지요.

삼 형제는 뿔이 멋진 순록을 잡는 사냥꾼이었어요.

아침이 되어 카다크와 형들은 순록 사냥을 나가야 했는데 집에 혼자 있을 아바가 걱정이 되었어요.

"아바, 여기는 나쁜 마법사가 종종 나타나는 곳이야. 그러니 누가 와도 절대 문을 열어주면 안 돼!"

"걱정하지 마. 난 여기서 꼼짝도 안 하고 있을게."

아바가 포근한 소파에 앉아 콧노래를 부르며 나무 인형을 만들고 있는데 밖에서 문을 두드리는 소리가 났어요.

똑똑. 똑똑똑.

"누구 안 계세요? 배가 고파서 그러니 먹을 것 좀 주세요. 대신 머리 손질을 예쁘게 해 드릴게요. 문 좀 열어 주세요!"

아바가 창문으로 내다보니 허리가 굽어 지팡이를 짚은 할머니 한 분이 서 계셨어요.

'어떻게 하지? 문을 열면 안 된다고 했지만 배고픈 할머니를 그냥 보낼 수도 없고……'

아바는 어쩔 수 없이 할머니를 들어오시게 했어요.

"할머니, 어서 들어오세요. 여기가 우리 집은 아니지만 잠시 쉬었다 가세요."

아바는 얼른 부엌에 가서 음식도 내어 드렸지요. 그런데 사실 이 할머니는 매우 나쁜 마법사였어요.

할머니는 아바가 내어 온 음식을 먹는 둥 마는 둥 하고는 아바의 머리를 빗기기 시작했지요.

그러자 몸이 간질간질해지면서 스르르 잠이 들어버렸어요.

아바는 한참을 푹 자고 일어났어요.

"아, 잘 잤다!"

기지개를 켜며 일어나 보니 아까 머리를 빗겨주신 할머니가 보이지 않았어요.

배가 고파진 아바는 먹을 것을 찾으러 부엌으로 가다가 거울에 비친 자기 모습을 보고 소스라치게 놀랐어요.

"에그머니나! 저게 누구야?"

거울 속에는 원래의 자기 모습이 아니라 순록이 한 마리 있는 거예요.

"이제 어쩌면 좋아. 아까 그 할머니가 카다크가 말한 나쁜 마법사였나 봐. 내가 이제 사람이 아닌 짐승이 되었으니 어떻게 하지? 여기서는 살 수 없을 것 같아! 흑흑흑."

아바는 부끄러워 울면서 순록들이 사는 깊은 숲으로 들어가 버리고 말았어요.

집에 혼자 있는 아바가 걱정이 되어 사냥에서 일찍 돌아온 삼 형제가 아바를 찾았어요. 하지만 이미 사라진 후였지요.

"아바를 혼자 집에 두고 나가는 것이 아니었어. 내 잘못이야!"

카다크는 어떻게 아바를 찾을까 궁리하다가 울면서 잠이 들었어요. 그러자 꿈속에 착한 마법사 할머니가 나타났어요.

"애야, 우리 멋진 카다크가 어째 그리 슬피 울고 있는 게냐?"

"할머니, 착한 마법사 할머니! 제 친구 아바가 사라졌어요. 어디로 갔는지 도무지 알 수가 없어요. 제발 알려주세요!"

"아이고 이런, 이미 늦었단다. 아바는 나쁜 마법에 걸려 순록이 되고 말았지."

"하지만 할머니, 저는 아바를 꼭 예전의 모습으로 돌아오도록 만들고 싶어요. 도와주세요!"

"카다크, 아바를 원래 모습으로 돌아오게 하고 싶으면 순록의 뼈와 긴 털, 그리고 아바가 만들었던 나무 인형을 들고 깊은 숲으로 들어가야 한단다. 거기에 가면 순록 떼가 있을 거야. 그중에서 하얀 순록에게만 준비해 간 것을 잘 던져야 해. 기회는 딱 한 번뿐이니 명심하렴!"

다음 날 아침, 카다크는 어젯밤 꿈속의 일을 형들에게 이야기했어요.

"그래, 잘 됐구나! 우리가 도와줄 수 있겠어! 마침 지난번에 잡은 순록이 있으니 그 뼈와 털을 준비하자. 카타크 너는 아바가 만들던 나무 인형을 찾아보렴!"

카다크는 형들의 도움을 받아 순록의 뼈와 긴 털, 아바의 나무 인형을 들고 씩씩하게 숲으로 들어가 소리쳤어요.

"아바, 어디에 있는 거니? 아바!"

저 멀리 순록 떼가 보였어요. 카다크는 순록들이 놀라 달아날까 봐 살금살금 다가갔지요. 자세히 보니 정말로 그 안에 맑은 눈을 한 하얀 순록이 한 마리 있었어요.

"아바, 돌아와! 너는 예쁜 사람이야! 어서 네 모습으로 돌아와!"

카다크는 큰소리로 외치며 준비해 간 것들을 하얀 순록에게 힘껏 던졌어요.

와우!

그러자 하얀 순록은 다시 어여쁜 아바로 변했어요.

"카다크, 나를 또 도와줘서 정말 고마워!"

"아바, 네가 다시 나무 인형을 만들던 예쁜 모습으로 돌아와 다행이야!"

카다크와 아바는 기뻐서 얼싸안고 오두막집으로 돌아와 그동안 있었던 일을 도란도란 이야기 나누었답니다.

여기서 잠깐, 캐나다의 순록 사냥꾼들은 지금까지도 하얀 순록은 사냥하지 않는다고 해요. 왜냐하면 하얀 순록은 나쁜 마법사의 주문에 걸린 사람일지도 모르니까요.

하우아유 How are you, 캐나다

🍁 가을이면 온 세상이 붉은 단풍잎으로 물든다네~ 🍁

러시아에 이어 세계에서 두 번째로 땅이 넓은 나라가 바로 캐나다예요. 하지만 국토 대부분이 빙하에 뒤덮여 있던 곳이라 사람이 살 수 없을 정도로 추운 곳도 많아요. 특히 북쪽 지방이 추워서 사람들은 대부분 미국의 국경과 가까운 남부 지역에 모여 살아요. 또 캐나다에는 울창한 숲과 호수가 많지요. 그래서 눈과 호수의 나라, 붉은 단풍잎의 나라라고도 하며, '캐나다'라는 나라 이름은 원주민 말로 '마을'이라는 정겨운 뜻이 있어요.

캐나다의 국기에는 흰 바탕에 빨간 단풍잎이 그려져 있어요. 왜 그럴까요? 캐나다에서 단풍나무는 아주 중요한 역할을 하기 때문이에요. 가을이면 온 나라를 붉고 아름답게 물들이기도 하지만 훌륭한 가구 목재로 쓰이는 등 나무 자체가 산업에도 큰 도움을 주지요. 또 단풍나무에서 나오는 수액으로 '메이플 시럽'을 만들 수도 있어요. 나무껍질 속으로 작은 관을 넣고 그 관을 통해서 수액을 추출해요. 그 수액을 뜨거운 온도에서 오래도록 끓여 졸이면 메이플시럽이 되지요. 매년 2, 3월에 수확하지만 캐나다 사람들은 독특한 단풍나무 향이 나는 이 메이플시럽을 달콤하고, 건강에도 좋아 일 년 내내 즐겨 먹어요. 캐나다 전통 음식을 만들거나 핫케이크를 만드는 데도 필요한 재료이지만 주로 팬케이크나 와플에 뿌려 먹어요. 또 메이플시럽에 절인 소시지나 베이컨도 맛이 좋아 인기가 많답니다.

얼음집이 따뜻하다고? 정말?

캐나다의 북쪽 지방은 눈과 얼음으로 덮여 있고, 그 지역에는 옛날부터 '이누이트(Innuit)'들이 살고 있었어요. 이누이트는 '에스키모'라고 불리기도 해요. 그들은 바다표범이나 북극곰, 순록, 연어 등을 사냥하며 여름에는 가죽 천막을 치거나 통나무집에서 살고, 살을 에는 듯한 추운 겨울에는 '이글루(igloo)'라는 눈으로 만든 집에서 살아요. 이글루는 눈덩이를 블록 모양으로 잘라 둥글게 쌓아서 반원 모양으로 짓는데 공기를 머금은 두터운 얼음 벽이 바깥의 찬 공기를 막아주어 안은 따뜻하다고 하니 정말 신기한 일이에요.

캐나다 동부에 있는 퀘벡에서는 매년 가장 추운 1월 말부터 약 2주 동안 세계 최대의 겨울 축제가 열려요. 축제 기간에는 얼음으로 뒤덮인 얼음호텔이 문을 열어 손님들을 맞이하고, 추위를 몸으로 즐기는 다양한 행사가 줄을 잇지요. 보통 영하 30도의 날씨에서 수영복이나 반바지 차림으로 눈밭을 뒹굴며 목욕하기, 얼음 미끄럼틀 타기, 빙벽 타기 등이 있어요. 또 얼음낚시, 개썰매 대회, 빙판 미니 골프 등 즐길 거리도 많이 있고, 눈 조각전도 사람들의 발길을 멈추게 하지요. 겨울 축제의 시작부터 끝날 때까지 '본옴(Bon Homme '좋은 사람'이라는 뜻)'이라는 빨간 모자를 쓴 눈사람 모양의 마스코트가 이 얼음의 도시를 따뜻하게 지켜준답니다.

밤에는 댐을 만드는 나는야, 비버!

캐나다를 상징하는 동물로는 '비버'가 있어요. 5센트 동전에 그려져 있기도 하지만 캐나다에서 열린 '몬트리올 올림픽' 마스코트여서 더 유명해졌지요. 비버는 원래 물속에서 생활하는 동물인데 야행성이라서 해가 질 무렵부터 아침까지 활동해요. 주로 새끼들을 보호하고 살 집을 짓기 위해 나무를 갉아 댐을 만들지요. 캐나다에는 오래전부터 비버가 살아 숫자가 많았기 때문에 비버의 가죽이 수출품으로 큰 몫을 담당했어요. 그런데 비버의 가죽이 유럽에서 폭발적 인기를 끌자 비버를 독차지하기 위해 전쟁도 일어났다고 해요.

캐나다 사람들이 좋아하는 간식으로 비버의 꼬리처럼 둥글 납작하다고 해서 이름 붙여진 '비버 테일'이 있어요. 어른 손바닥만 한 넓적한 빵 위에 메이플시럽, 치즈, 초콜릿 등 원하는 토핑을 얹어 먹는데 미국의 오바마 대통령이 먹어보고 반했다고 하여 더 유명해졌답니다.

아무도 살지 못하는 집

 브라질, Brazil

아주 오랜 옛날, 브라질의 어느 울창한 숲 속에서 있었던 일이에요.

그 숲에는 아름다운 뿔을 가진 사슴 한 마리가 살고 있었지요.

'내 뿔은 정말 아름다워! 그래서 관리도 아주 잘해 주어야 해. 그러려면 먼저 내가 편안하게 쉴 수 있는 집이 필요해. 나무가 우거진 숲에서 자는 것도 좋지만 깜깜한 밤에는 돌아다니다가 뿔을 다칠 수도 있잖아? 그리고 이제 이렇게 떠돌아다니는 것도 힘들어. 그러니 오늘부터 당장 이 숲에 내가 편히 살 수 있는 멋진 집을 지어야겠다!'

자기 집을 지어야겠다고 결심한 사슴은 다리 아픈 것도 잊고 열심히 집 지을 곳을 찾아다녔어요. 그렇게 며칠을 돌아다니다가 앞에는 냇물이 흐르고, 뒤에는 나무가 우거진 아늑한 공간을 발견했지요.

'바로 여기야. 여기에 나의 근사한 집을 지을 거야!'

사슴은 먼저 집이 지어질 땅에 돌멩이들을 줍고, 풀도 뽑아 땅을 평평히 했어요. 그래야 비바람이 거세게 불어도 쓰러지지 않을 테니까요.

"영차, 영차! 멋진 나의 집을 위하여! 영차, 영차"

그리고는 기둥이 될 굵은 나무를 찾으러 깊은 산 속으로 들어갔지요.

그때 그곳을 이빨이 날카로운 재규어 한 마리가 지나가고 있었어요.

'오~ 여기가 아주 마음에 드는데! 냇물이 가까이 있으니 물을 마시기도 좋고, 나무가 울창하니 먹잇감을 찾으러 다니기도 괜찮겠어. 게다가 땅도 평평하니 집짓기가 한결 수월하겠는걸. 바로 여기야! 내일부터 시작하자.'

재규어 역시 비도 피할 수 있고, 겨울이면 따뜻하게 보낼 집이 필요하다고 생각하고 있었거든요.

그리하여 사슴과 재규어는 같은 곳에 서로 자신의 집이 세워지는 단꿈에 빠졌답니다. 굵은 나무를 낑낑 매고 온 사슴이 집의 기둥을 세우고 생각했어요.

'어휴, 힘들다! 오늘은 이제 그만해야겠어. 기둥을 세웠으니 내일은 바닥을 다져야지!'

다음 날 아침, 새로 집 지을 생각에 기분이 들뜬 재규어가 새벽같이 나타났어요.

'어라, 나는 새로 집을 지을 생각만 하고 있었는데 벌써 기둥이 세워졌네. 이렇게 고마울 데가 있나. 으쌰으쌰! 힘을 내자!'

그리고는 바닥에 잔잔한 나뭇가지들을 채워 평평한 마룻바닥을 완성했어요.

'아, 배고파! 한참을 땀 흘려 일했더니 배가 고픈걸.'

재규어가 허기진 배를 채우러 숲으로 들어가자 이번에는 늦잠을 잔 사슴이 나타나 깜짝 놀랐어요.

'에그머니나, 바닥이 다 완성됐네. 난 기둥까지만 세웠는데……. 아무래도 신께서 나를 도와주시나 보다!'

기분 좋아진 사슴이 이번에는 튼튼한 나무로 벽을 쌓기 시작했어요.

"영차, 영차! 멋진 나의 집을 위하여! 영차, 영차"
 해가 질 때까지 열심히 일해 벽을 완성한 사슴이 돌아가자 이번에는 또 재규어가 나타났어요.
 '오, 신께서 저를 이렇게 도와주시다니요~ 감사합니다!'
 튼튼하게 벽까지 완성된 집을 보고 재규어 역시 신이 자신을 도와주고 있다고 믿었지요.
 그리고는 벽을 타고 올라갔어요.

"여름의 뜨거운 해와 겨울의 차가운 바람을 피할 수 있도록 튼튼하고, 멋진 지붕을 얹자. 으쌰으쌰! 힘을 내자!"

한바탕 열심히 일한 재규어는 배가 너무 고팠어요. 그래서 잠시 쉴 겸 먹이를 찾아 숲속으로 들어갔어요.

그러자 때마침 마침 사슴이 나타났지요.

'세상에 이럴 수가! 신께서 나에게 이런 큰 은혜를 베푸시다니!'

지붕까지 완성된 집을 보고 사슴은 신께 감사하며 집 안을 꾸미기 시작했어요.

'나를 이렇게 많이 도와주셨으니 신이 머무르실 방을 하나 꼭 만들어야겠다!'

그렇게 해서 사슴은 신을 위한 방 하나와 자신이 편안히 쉴 수 있는 방, 그리고 맛있는 음식을 해 먹을 수 있는 부엌을 만들었어요.

"영차, 영차! 멋진 나의 집을 위하여! 영차, 영차"

실내가 완성되자 사슴은 힘이 들어 스르르 잠들고 말았지요.

그러자 이번에는 배를 빵빵하게 채운 재규어가 집에 돌아왔어요.

'우와~ 벌써 방이 두 개 만들어졌네! 하나는 신께서 쉬시려나 보다. 그럼 나머지 방을 내가 써야겠다. 야호!'

행복한 기분으로 재규어도 그날 밤 깊은 잠에 빠졌지요.

다음 날 아침, 집 안에서 먼저 잠이 깬 사슴이 부엌으로 나왔어요.

"이야, 잘 잤다. 편안한 내 집에서 잠을 자게 되다니 정말 행복한 아침이야!"

그때 막 잠에서 깬 재규어도 하품하고 눈을 비비며 방에서 나왔지요.

그리고는 서로를 보고 화들짝 놀랐어요.

"아니, 재규어야! 네가 왜 내 집에서 잠을 잔 거야?"

"그렇게 말하는 사슴아, 너는 왜 내 집에 있는 거냐?"

"뭐라고? 이건 내가 직접 지은 집이라고!!!"

사슴과 재규어는 서로 소리 높여 말했어요. 그러다가 흥분한 마음을 가라앉힌 후 각자 자기가 집 지은 이야기를 시작했지요. 그렇게 한참 대화하다 보니 집짓기를 신께서 도와주신 것이 아니라 서로가 한 일임을 알게 되었어요.

"어쩔 수 없네. 이왕 이렇게 된 거 우리 사이좋게 한집에서 살자!"

"사슴아, 배고프다! 내가 사냥을 해 올 테니 너는 불을 피워 커다란 솥에 물을 끓여 줘!"

잠시 후 재규어는 콧노래를 부르며 사슴 한 마리를 사냥감으로 잡아왔어요.

재규어는 사슴고기를 신나게 먹었고, 사슴은 친구가 죽어 너무 슬픈 나머지 한 입도 먹을 수 없었어요.

다음날은 전날 쫄쫄 굶은 사슴이 사냥하고, 재규어가 물을 끓이기로 했지요.

어제 일을 기억하며 사슴은 일부러 죽은 새끼 재규어를 물고 왔어요.

사슴은 좋아하지도 않는 고기를 꾸역꾸역 먹었고, 재규어는 어제의 사슴처럼 새끼 재규어가 불쌍해서 도저히 먹을 수 없었어요.

둘은 아무 말도 못 했지만 기분이 상해 각자 자기 방으로 들어가 생각했지요.

'재규어는 이빨도 날카로운데 내가 졸고 있는 사이에 나를 잡아먹으면 어떡하지?'

'사슴이 저 튼튼한 뿔로 받으면 나는 한 방에 날아가 버릴 텐데 어쩌지?'

방에 틀어박혀 고민하다가 깜빡 잠이 든 사슴이 '쿵' 하고 벽에 뿔을 박았어요.

깜짝 놀란 재규어는 사슴이, 사슴은 재규어가 자신을 해치러 오는 소리라고 믿었지요.

"으악! 살려주세요!!!"

"걸음아, 날 살려라!!!"

그리고는 밖으로 나가 서로 반대 방향으로 끝없이 뛰었고, 무서워서 다시는 집으로 돌아오지 못했답니다.

올라 Olá, 브라질

⚽ 축구, 카니발, 커피로 기억되는 정열의 나라! ⚽

    브라질은 남아메리카의 절반을 차지하며 세계에서 다섯 번째로 큰 나라예요. 그 큰 땅에 절반을 차지하고 있는 것이 바로 울창한 숲이지요. '브라질'이라는 나라 이름도 '파우 브라질(pau-brasil, '불타는 숯처럼 붉은 나무'라는 뜻)'이라는 나무 이름과 채취하던 사람들을 일컫는 말에서 유래된 것이에요. 파우 브라질 나무는 껍질을 벗겨보면 속이 빨간데 이 수액으로 붉은색 염료를 만들면 색이 고와 인기가 많았대요. 그래서 유럽의 여러 나라가 파우 브라질을 함부로 베어다 써서 지금은 거의 멸종하여 식물원에나 가야 볼 수 있을 정도로 귀한 나무가 되었지요. 또 브라질은 커피를 재배하기에 적당한 토지와 기후를 갖추고 있어 커피나무도 많이 키우고 있어요. 지역마다 조건이 조금씩 달라서 다양한 품종의 커피를 생산해 브라질은 세계 최대의 커피 생산지가 되었지요.

    브라질 사람들이 가장 좋아하는 운동은 '축구'예요. 아기가 걸음마를 뗄 무렵이면 축구를 시작할 정도로 어려서부터 축구를 즐기기 때문에 크고 작은 축구장이 곳곳에 있어요. 4년에 한 번씩 열리는 '월드컵' 축구 대회에서도 여러 번 우승컵을 차지했지요. 20세기 최고의 축구 선수로 '펠레'가 꼽히는데 브라질 사람이에요. 17세 때 월드컵에 출전하기 시작해 많은 기록을 남겨 '축구 황제'로 불리며 축구를 좋아하는 전 세계인들에게 큰 사랑을 받고 있답니다.

⚽ 삼바 리듬에 브라질 전체가 들썩들썩~ ⚽

매년 2월 말이 되면 브라질의 리우데자네이루에서 세계에서 가장 화려하고 흥겨운 '리우 카니발(Rio carnival)'이 열리는데 '삼바 축제'라고도 하지요. 브라질에 찾아오는 관광객들이 이 축제 기간에만 3분의 1이 온다고 하고, 열정적인 브라질 사람들은 삼바 축제에 가기 위해 일 년을 보낸다는 말이 있을 정도예요. 원래 '삼바'는 흑인 노예들이 힘이 들 때마다 고향을 그리워하며 노래를 부르고 춤을 출 때 '쌈바, 쌈바!' 하면서 흥을 돋우던 말이에요. 삼바 춤은 몸을 상하좌우(위, 아래, 왼쪽, 오른쪽)는 물론 앞뒤로 흔드는 것이 특징이에요. 그래서 신나는 삼바 리듬과 화려한 의상을 입은 아름다운 여인들이 삼바 춤을 추면 온 브라질이 들썩들썩하지요.

리우 카니발의 최고 하이라이트는 '삼바 퍼레이드'에요. 축제가 열리는 2~3월은 브라질에서는 한여름이기 때문에 퍼레이드는 뜨거운 낮을 피해 저녁부터 다음날 새벽까지 밤새도록 펼쳐져요. '지상 최대의 쇼'라는 이름에 걸맞게 삼바 학교에서는 일 년 내내 퍼레이드를 준비하지요. 퍼레이드를 위한 전용 공연장을 '삼보드로모(sambadrome)'라고 하는데 길이가 약 700미터의 긴 구간이며 양옆으로는 약 6만 명의 사람들이 동시에 볼 수 있는 좌석이 있다고 하니 정말 어마어마한 규모라고 할 수 있지요.

⚽ 아마존이 눈물을 흘린다고요? ⚽

브라질을 가로지르는 '아마존 강'은 세계에서 가장 큰 강이에요. 일 년 내내 기온이 높고 비가 많이 와서 키 큰 나무들로 덮여 있어 사람들이 쉽게 접근할 수 없는 곳이 많지요. 그런 까닭에 오히려 자연의 신비를 그대로 간직한 곳이기도 해요. 또 아마존 강은 지구 전체의 20%에 가까운 엄청난 양의 산소를 뿜어내고 있어요. 그래서 '지구의 허파'라는 별명을 가지고 있지요. 표범, 뱀, 악어 등 야생 동물이 자유롭게 뛰놀아 동물들을 위해 또 인간을 위해서도 반드시 보존되어야 할 곳이에요. 하지만 사람들이 이곳에 고속도로를 만들고, 농사지을 땅으로 개간하기 위해 숲을 불태우고 있어서 우리에게 꼭 필요한 산소 대신 이산화탄소를 내뿜고 있는 '탄소 공장'으로 변해가고 있다고 하지요. 그래서 아마존이 구해달라고 눈물을 흘린다는 표현을 해요. 참으로 안타까운 일이지요?

돌이 된 지팡이

 페루, Peru

옛날 먼 옛날, 페루에 평화로운 마을이 있었어요.

그 마을에는 힘세고, 씩씩한 청년들도 많이 있었어요. 그리고 그들을 이끄는 너그럽고, 용감한 오란미얀 추장님이 계셨지요. 그는 힘이 천하장사였으며, 마을을 아주 사랑하는 분이었어요.

마을 사람들을 괴롭히는 적들이 나타나면 늘 오란미얀 추장님이 앞장서서 싸우셨지요. 그러면 모든 군사가 힘을 얻어 어떤 적들도 쉽게 물리칠 수 있었어요.

"내가 오란미얀이다! 감히 어떤 놈들이 겁도 없이 우리 마을에 쳐들어왔느냐? 덤벼라!"

추장님이 천둥치듯 외치면 적들은 '걸음아, 날 살려라!' 하면서 도망치기 바빴지요.

'오란미얀'이란 이름만 들어도 무서워서 벌벌 떨었거든요.

어느 날 거대한 날개를 가진 콘도르가 마을의 아이들을 잡아먹으려고 나타났어요. 어찌나 날개가 큰지 쫙 펼치면 어른보다도 훨씬 컸어요. 게다가 아주 무서운 발톱과 부리를 지니고 있었거든요. 그래서 마을의 모든 어린아이는 바깥을 돌아다니지 못하고 집 안에서만 있게 했어요. 그러자 아이들이 오란미얀 추장님을 찾아갔어요.

"추장님, 콘도르를 물리쳐 주세요."

"저희가 집에서만 놀려니 너무 답답해서요. 콘도르를 혼내 주세요. 네?"

아이들의 이야기를 들으시고, 오란미얀 추장님은 높은 산 계곡에 콘도르가 사는 곳으로 활과 화살 한 개를 들고 가셨지요.

"어서 나오너라. 콘도르! 감히 우리 아이들을 괴롭히다니!"

큰 소리에 온 천지가 들썩들썩했어요.

그러자 화가 난 콘도르가 바람을 일으키며 나타났어요.

하지만 추장님은 그때를 놓치지 않고, 딱 한 개뿐인 화살을 쏘아 명중시켰지요.

'퍽'하는 소리와 함께 콘도르는 힘없이 땅에 떨어졌어요.

"우와~ 우리 추장님, 만세!"

그때부터 마을의 어린이들까지 오란미얀 추장님을 쫓아다니며 좋아했어요.

"우린 추장님만 믿으면 돼. 그러면 그 어떤 것도 우리를 넘볼 수 없지!"

"아무렴 그렇고말고! 두말하면 잔소리 아닌가. 하하하!"

마을은 추장님이 계시는 한 행복했어요.

집 안에서는 여인들이 화려한 색상의 옷감을 짜며 이야기하느라 웃음소리가 흘러나오고, 집 밖에는 건강한 양과 라마, 알파카로 넘쳐났지요.

어느덧 세월이 흘러 오란미얀 추장님도 나이를 많이 먹었어요.

햇살이 좋은 어느 날, 추장님은 마을의 모든 사람을 불러 놓고 말씀하셨어요.

"여러분, 저도 이제 늙어서 저승으로 가야 할 때가 되었답니다. 하지만 저는 영원히

이 마을을 지킬 것이니 제가 없다고 두려워하지 마십시오."

"안됩니다, 추장님! 저희를 두고 가시다니요. 흑흑흑"

마을 사람들은 모두 흐느껴 울면서 추장님을 붙잡았어요.

"사람은 반드시 떠날 때가 있는 법입니다. 하지만 언제라도 마을에 위험한 일이 닥치면 저를 부르십시오. 그러면 제가 돌아와 여러분들을 돕겠습니다."

오란미얀 추장은 자신이 짚고 있던 지팡이를 언덕에 푹 꽂았어요.

그랬더니 지팡이는 돌로 변했고, 땅이 쩍 갈라지기 시작했어요.

추장님은 갈라진 그 땅속으로 들어가 버리셨지요.

오란미얀 추장이 돌아가셨다는 소문이 온 세상에 퍼졌어요.

"뭐라고? 그 쩌렁쩌렁하던 목소리의 오란미얀 추장이 세상을 떠났다고?"
"드디어 그 마을을 우리 손에 넣을 기회가 찾아왔군!"
호시탐탐 풍요롭고 살기 좋은 마을을 노리던 여러 부족이 앞다투어 쳐들어왔어요.
마을 사람들은 위기에 처하자 모두 오란미얀의 돌이 된 지팡이 앞으로 가서 소리쳤어요.
"오란미얀 추장님, 저희를 도와주소서!"
"우르릉, 쾅!"
그러자 땅이 쩍 갈라지면서 추장님이 나오셨어요.
"뭐라고? 어떤 놈들이 쳐들어왔느냐? 군사들은 나를 따르라!"
오란미얀 추장이 앞장서서 칼을 휘두르자 적들은 뒤로 나자빠지며 말했어요.
"아니, 죽었다고 한 자가 어찌 저리 멀쩡하게 살아 있단 말인가!"
"으악! 빨리 도망가자!"
이번에도 추장님이 계신 덕에 간단히 적을 물리쳤지요.
마을이 어려우면 오란미얀 추장이 다시 살아 돌아온다는 소문도 금방 퍼졌어요.
다시 마을에는 평화가 찾아왔지요.
아무리 어려운 일이 닥쳐도 지팡이가 꽂힌 언덕에 가서 추장님을 불러내면 됐거든요.
마을 사람들은 기뻐하며 큰 잔치를 벌였어요.
온갖 맛있는 음식을 차려놓고, 북치고 노래를 부르며 춤을 추었지요.
그때 한 사람이 추장님도 잔치에 참석하면 좋겠다고 말했어요.
"여러분, 마을의 평화는 모두 오란미얀 추장님 덕분인데 우리 함께 가서 추장님을 모셔옵시다!"
"그럽시다. 이런 즐거운 자리에 추장님이 안 계시면 섭섭하지!"
깊은 밤이 되자 흥이 오른 사람들이 지팡이가 있는 언덕으로 가서 소리쳤어요.
"추장님, 어서 나오셔서 저희와 함께해 주세요!"

하지만 땅속은 조용했어요.

"어? 이상하네. 왜 추장님이 안 올라오시지?"

"하하하. 이 사람아, 그렇게 부르면 추장님이 나오시겠나? 내가 하는 걸 잘 보게!"

그러더니 땅속에 대고 두 손을 모아 크게 외쳤어요.

"추장님, 이웃마을 군사들이 쳐들어왔어요!"

그러자 땅이 쩍 갈라지면서 추장님이 나오셨어요.

"내가 오란미얀이다! 감히 어떤 놈들이 겁도 없이 여기를 쳐들어왔느냐? 덤벼라!"

그러더니 앞뒤 살피지 않으시고, 칼을 휘두르셨지요.

그런데 이를 어째요?

너무 깜깜해서 마을 사람들이 적군인 줄 아시고, 다 죽이고 말았어요.

날이 밝자 다시 땅속으로 들어가려던 오란미얀 추장은 깜짝 놀랐어요.

'아니, 내가 죽인 사람들이 적들이 아닌 사랑하는 우리 마을 사람들이란 말인가? 어떻게 이런 일이!'

추장님은 눈물을 흘리며 후회했어요.

'나는 어쩌자고 이렇게 어리석은 짓을 하였단 말인가! 이제 나는 두 번 다시 마을에 나타나지 않을 것이다.'하시고는 땅속으로 사라져 다시는 세상 밖으로 나오지 않았답니다.

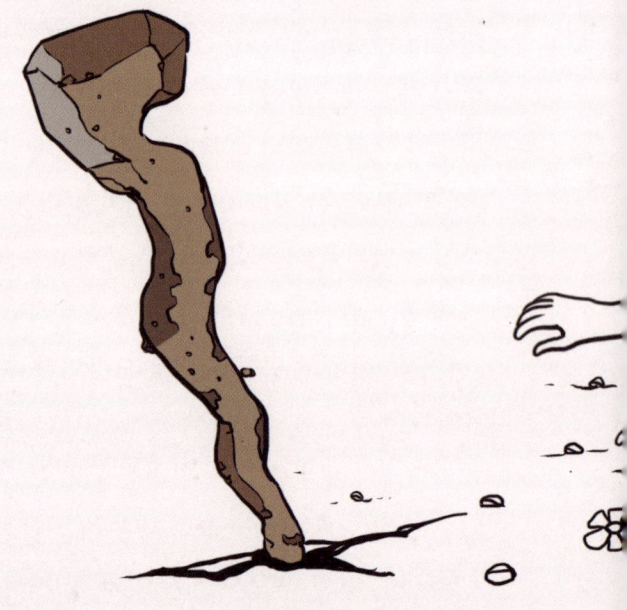

올라 Hola, 페루

 비밀의 공중 도시 마추픽추를 아세요?

페루는 남아메리카의 중앙에 위치하였으며 태평양과 맞닿아 있어요. 아메리카 원주민의 문화와 잉카 제국을 300년간 점령했던 에스파냐의 문화가 섞인 페루는 4,000여 년에 걸친 문화유산을 간직하고 있어요. 특히 잉카 문명의 흔적이 그대로 살아 숨 쉬는 마추픽추(Machu Picchu)에서 놀라운 건축 솜씨를 알 수 있지요. '늙은 봉우리'라는 뜻을 지닌 마추픽추가 '공중도시'라고 불리는 이유는 산꼭대기에 있기 때문에 산 아래에서는 전혀 보이지 않으며 도시가 공중에 붕 떠 있는 것 같아 붙여진 이름이에요. 마추픽추에는 가파른 산비탈을 일궈 만든 계단식 논밭과 여기에 물을 대기 위해 설치한 배수 시설, 태양의 신전, 지붕이 없는 집, 농사에 이용한 태양 시계 등 많은 유물이 그대로 남아 있어요. 그 옛날 변변한 건축 장비도 없이 어떻게 이렇게 높은 산에 멋진 도시를 만들 수 있었는지 여전히 풀리지 않는 수수께끼에요.

페루에는 여러 민족이 함께 살고 있지만 가장 많은 민족은 잉카 문명을 꽃피운 아메리카 원주민이에요. '인디오'라고 불린 잉카 사람들은 태양신을 섬겼으며 자신들이 사는 나라를 '태양의 나라'라고 불렀고, 왕은 '태양의 아들'이라 생각했어요. 그래서 매년 6월에는 '인티라이미(Inti Raymi)'라는 태양의 축제가 열려요. 화려한 전통 의상을 입고 일 년 동안 농사가 잘되도록 풍요를 비는 제사에요. 태양이 떠오르면 사람들은 무릎을 꿇고 팔을 높이 든 채 태양을 숭배하는 노래를 부르지요. 왕은 수십 마리의 라마 중 가장 건강하고 검은 라마 한 마리의 배를 예리한 칼로 가르고 심장을 끄집어내 하늘 높이 치켜들어요. 그때 심장이 거세게 꿈틀거리면 좋은 일이 생긴다고 믿는답니다.

🦙 우리 껌 대신 코카 잎을 씹지~ 🦙

페루 사람들은 옥수수, 감자, 퀴노아(명아줏과 식물)를 이용한 음식을 많이 먹어요.
　옥수수는 우리가 알고 있는 것보다 알갱이가 커서 쪄서 먹기도 하지만 발효를 시켜 술을 만들어 먹기도 해요. '치차(chicha)'라는 전통 민속 술인데 축제에 절대 빠지지 않는다고 해요. 또 감자는 오랫동안 저장하기 위해서 밤에는 밖에 내놓아 얼리고, 낮에는 햇빛에 말리기를 한 달 정도 되풀이하면 '추뇨(chuño)'라고 하는 저장감자가 되는데 오랫동안 썩지 않아 찌개에 넣거나 스프로 끓여 먹어요. 아침에 따뜻하게 주스로 갈아먹는 음식으로 '퀴노아(quinoa)'가 있는데 영양가가 풍부해서 우주 비행사들의 식량으로도 이용되었어요.
　페루 사람들은 껌 대신 코카 잎을 입에 넣고 질겅질겅 씹고 다녀요. 코카 잎은 고산병(낮은 곳에서 높은 곳으로 올라갔을 때 산소가 부족해서 생기는 증상으로 두통, 호흡장애, 구토 등이 일어남)이 나타나지 않도록 해주지요. 또 배가 고프거나 갈증이 없어지고, 피로 회복을 위해 코카 잎을 즐겨 씹는답니다.

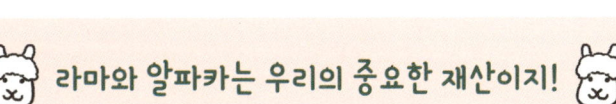

🦙 라마와 알파카는 우리의 중요한 재산이지! 🦙

페루에는 낙타와 비슷하게 생긴 동물로 '라마'가 있어요. 페루의 좁고 가파른 산길을 걸으며 짐을 나르는 것은 물론 따뜻한 털과 고기를 먹을 수 있게 해주지요. 또 '알파카'는 라마보다 목이 짧고 통통해서 양에 가까워 보이지만 털이 실크만큼 부드러워 고급 의류나 이불 등으로 쓰여요. 그래서 라마와 알파카는 페루의 원주민들에게는 아주 중요한 재산이에요.
　페루를 대표하는 새로 '콘도르'가 있어요. 세상에서 가장 큰 종류의 새 중 하나에요. 안데스 산맥의 바위산에 살며 주로 죽은 동물을 먹는데 날개를 펴면 3미터가 넘는 새가 있을 정도로 몸집이 아주 크고, 날카로운 발톱과 부리를 가졌어요. '하늘을 지배하는 신'으로 불리며 어떤 것에도 얽매이지 않는 자유를 상징한답니다.

파라과이 전래동화

달님의 따뜻한 선물

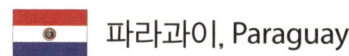 파라과이, Paraguay

아주 먼 옛날, 동그란 달님이 파라과이의 푸른 숲을 내려다보고 있었어요.

하늘로 쭉쭉 뻗은 나무들, 어여쁜 꽃들, 반짝반짝 빛나는 강물, 모두가 달님의 마음에 쏙 들었어요.

'아, 하늘나라도 좋지만 꼭 한 번 저 숲에 가보고 싶어!'

그러던 어느 날 달님은 저녁노을을 만났어요.

"노을님, 우리는 해가 질 때 아주 잠깐 만날 수 있는 것이 늘 아쉬워요. 온종일 함께 저 인간 세상의 아름다운 숲을 거닐며 정답게 이야기 나누고 싶어요."

"호호호. 저도 마찬가지예요. 달님과 행복한 시간을 보내고 싶어요. 하지만 해가 지고 난 다음 달님이 밤하늘에 뜨지 않으면 온통 난리가 날 게 뻔해요. 우리가 함께 숲을 거닐

기는 힘들 것 같아요.
"그러게요, 노을님! 너무 속상해요. 무슨 방법이 없을까요? 혹시 구름님께서는 방법을 말씀해 주시지 않을까요? 우리 같이 가서 부탁해 봐요."
달님과 저녁노을이 구름을 찾아가 간절히 말했어요. 그러자 한참을 궁리한 끝에 구름이 말했어요.
"좋은 생각이 떠올랐어요. 제가 하늘을 구름으로 꽉 채워보겠습니다. 그래서 밤이 되어도 달님이 안 계시다는 것을 아무도 눈치채지 못하도록 할게요. 하지만 오늘 밤 딱 하루뿐입니다. 괜찮으시겠지요?"
"그럼요, 구름님! 너무 감사합니다."
드디어 기다리던 밤이 되었어요.
구름이 하늘을 가리자 달님과 저녁노을은 예쁜 아가씨로 변신했어요. 그리고는 함께 손을 꼭 잡고 푸른 숲으로 내려왔지요.
깜깜한 밤이었지만 달님에게서 은은한 빛이 나와 숲 속은 더 환상적이었답니다.
달님은 예쁜 꽃을 한 아름 꺾었어요. 그리고는 꽃목걸이로 만들어 노을님의 목에 걸어 주었지요.

"어머나, 고마워요. 어쩜 이렇게 고울까!"

꽃들은 저마다 모양도 다르고 빛깔도 달랐으며 은은한 향기는 코끝을 간지럽혔어요.

"달님, 향기도 아주 좋아요."

"그러게요. 꽃향기는 물론 풀과 나무에서 느껴지는 싱그러운 향기들까지 모두 다 좋아요~"

살며시 밟았을 때 풀들이 사각거리는 소리도 듣기에 좋았고, 나무에 달린 싱싱한 열매를 따서 맛보는 것도 재미있었어요.

달님과 저녁노을은 이야기꽃을 피우며 이 세상에 둘만 있는 것처럼 행복했지요.

그런데 이 모습은 멀리서 배고픈 표범 한 마리가 지켜보고 있었어요.

'오, 내 배를 채워줄 먹잇감들이 있군!'

풀숲에서 표범이 쏜살같이 튀어나왔어요.

"어흥!"

예쁜 아가씨의 모습이었던 달님과 저녁노을은 처음 당한 경험이어서 뒷걸음질을 치다 그만 넘어지고 말았지요.

"아악! 살려주세요!"

때마침 집으로 가던 사냥꾼이 살려달라는 비명을 들었어요.

"나쁜 표범 같으니! 감히 사람을 해치려고 해? 네놈을 혼내주겠다!"

그리고는 표범을 향해 날카로운 화살을 쏘아 정확하게 명중시켰어요.

"캑!"

외마디 비명을 지르고 표범은 그 자리에서 고꾸라졌지요.

사냥꾼은 쏜살같이 달려와 놀란 달님과 노을님을 살피며 다정하게 말했어요.

"아가씨들, 괜찮으세요? 어디 다친 곳은 없으세요?"

"네, 덕분에 살았어요. 저희가 정신없이 너무 즐겁게 놀다 보니 그만……."

"아가씨들이 무사하시니 정말 다행입니다. 하지만 큰일 날 뻔했어요. 깊은 밤의 숲은 무서운 동물들이 많아 위험하지요. 오늘 밤은 누추하지만 가까운 우리 집에 가서 쉬시는 것이 좋겠습니다. 함께 가시지요."

"사냥꾼님, 감사합니다!"

달님과 저녁노을은 사냥꾼이 이끄는 작은 오두막으로 들어갔어요.

집은 허름해 보였지만 집 안에는 상냥한 아내와 귀여운 딸이 있었지요.

"환영합니다! 어서 들어오세요."

사냥꾼의 아내는 구수한 옥수수빵과 따뜻한 차를 내왔어요.

"마침 저희도 저녁 식사를 하려던 참이에요. 변변찮지만 함께 드세요."

저녁내 숲을 돌아다니느라 배가 고팠던 달님과 저녁노을은 허겁지겁 맛있게 먹었어요.

"세상에 이렇게 맛있는 음식은 처음이에요."

하지만 사냥꾼 부부는 배가 부르다며 조금밖에 먹지 않았지요.

아침 해가 뜰 무렵, 달님과 저녁노을은 하늘나라로 다시 돌아왔어요.

그 날 이후 달님은 숲 속에서 행복했던 추억을 떠올리며 매일 밤 사냥꾼의 오두막을 내려다보았어요.

그런데 가만히 살펴보니 며칠 동안 아무것도 먹지를 못하는 거예요.

'아, 노을님과 내가 사냥꾼 가족의 옥수수빵을 모두 먹어 버렸나 봐. 저렇게 가난한데도 우리에게 아낌없이 나누어 주다니 정말 고마운 사람들이야!'

달님은 감사한 마음에 선물을 꼭 하고 싶어서 아무도 몰래 사냥꾼을 찾아갔어요.

"사냥꾼님, 잘 지내셨어요? 얼마 전 표범에게서 구해주신 게 바로 저예요. 그때 얼마 남지 않은 음식을 나누어 주셨죠? 진심으로 감사했어요. 그래서 제가 보답해 드리고 싶어 작은 씨앗을 가지고 왔어요. 마당에 심어보세요."

달님의 이야기를 전해 들은 아내와 딸도 기뻐하며 작은 씨앗을 마당에 꼭꼭 눌러 정성껏 심었어요.

다음 날 아침, 사냥꾼의 아내가 일어나 마당에 나와 보니 초록의 나뭇잎이 싱그러운 나무가 서 있는 게 아니겠어요?

"어머나, 하룻밤 사이에 이렇게 멋진 나무가 되다니! 여보, 얼른 나와 보세요."

"우리가 달님께 정말 근사한 선물을 받은 것 같구려."

아내는 나뭇잎을 떼어 차로 끓였어요.

"우와~ 이 차는 맛도 좋은 데다 기운이 나고, 마음도 편안해지는걸요. 호로록~"

사냥꾼 가족은 나무에 열린 씨앗을 여러 사람에게 나누어 주었어요.

"이건 '달님의 선물'이랍니다. 우리 함께 키워요."

그때부터 파라과이의 집 마당에는 달님이 선물로 준 나무들이 쑥쑥 자라고 있어요.

사람들은 이 나무를 '마테'라고 이름 지었으며, 그 잎으로 끓인 '마테차'를 즐겨 마시게 되었답니다.

바에이샤빠
Mba'eichapa,
파라과이

🍃 **우리는 남아메리카의 심장!** 🍃

파라과이는 남아메리카의 한가운데에 자리하고 있어 '남아메리카의 심장'이라고 불려요. 브라질, 아르헨티나와 접하고 있으며 대륙의 한가운데 있어 바다가 없지요. 대신 국토의 중심에 파라과이 강이 흘러 이 강을 사이에 두고 동쪽과 서쪽으로 나뉘는데 숲이 울창하고 땅이 비옥한 동쪽에 사람들이 대부분 모여 살아요.

파라과이는 300년 가까이 에스파냐의 지배를 받았어요. 하지만 현재는 아메리카 원주민인 과라니 족과 에스파냐계 백인의 혼혈인 '메스티소(mestizo)'가 인구 대부분을 차지하며 메스티소들은 자신들이 과라니 족의 후손이라는 자부심이 강해요. 과라니어와 에스파냐어를 모두 공식 언어로 사용하고 있으며, 종교는 가톨릭을 믿고 있지요. 과라니 족 연주자가 유럽의 하프와 기타 연주를 하며 성당에는 과라니 족 스타일의 조각품들이 장식되어있는 것처럼 전혀 다른 문화가 적절히 어우러져 독특한 혼합 문화를 만들었어요. 특히 파라과이의 가장 대표적인 공예품을 보면 알 수 있지요. '거미줄'이라는 뜻의 '냔두티(nanduti)'인데 가는 실로 만든 레이스에요. 레이스를 짜는 방법은 에스파냐인들에게 전수받았지만 파라과이 고유의 디자인을 적용했어요. 1개의 바늘을 사용하여 여러 가지 형태의 모양을 표현하는데 무엇보다도 화려한 색채가 특징이지요. 냔두티는 조그만 꽃병 받침부터 식탁보, 커다란 이불 커버까지 크기가 다양하며 파라과이 사람들은 집 안에 냔두티를 두면 행운이 찾아온다고 믿는답니다.

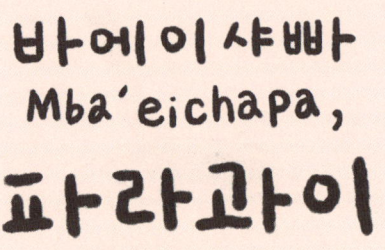

🍃 마테차를 마시며 우정과 시간을 나눈다네~ 🍃

파라과이는 물론 마테차를 즐겨 마시는 남아메리카에서는 커피나 일반 차를 마시는 방법과는 다르게 마테차를 마셔요. 혼자 마실 때도 있지만 여럿이 함께 차를 마실 때에도 각자 찻잔에 마시지 않아요. 일단 여러 사람이 둘러앉아 모임을 주선한 사람이 호리병처럼 생긴 '구암빠(guampa)'라는 찻잔에 찻잎을 넣어요. 그리고 끓기 직전의 물을 넣고 우려내지요. 찻물이 잘 우러났으면 조그만 구멍이 여러 개 있어 찻잎은 걸러주고 찻물만 입으로 들어가게 해주는 '봄빌라(bombilla)' 빨대를 이용해 한 사람이 마셔요. 그러면 다시 구암빠에 물을 채워 넣고 옆 사람이 봄빌라 빨대로 마셔요. 모인 사람이 다 마실 때까지 주선자가 물을 따르지요. 같은 찻잔과 빨대를 이용하여 돌려서 마시기 때문에 다른 나라 사람들이 보면 비위생적으로 보일 수도 있어요. 하지만 마테차를 마시는 파라과이 사람들은 이런 과정이 단순히 차만 마시는 게 아니라 서로의 즐거움과 슬픔을 이야기하며 우정과 시간을 나누는 과정이라고 생각하지요.

마테차에는 비타민과 미네랄이 풍부해서 '마시는 샐러드'라고 불리며 옛날부터 원주민의 중요한 영양 공급원이기도 했어요. 파라과이 사람들은 마테를 뜨겁게 우린 것도 좋아하지만 차가운 물에 우린 '떼레레(terere)'도 즐겨 마신답니다.

🍃 어른들도 낮잠을 꼭 잔다고요? 🍃

무더운 날이 계속되는 동안 오후에 2시간 정도 일을 하지 않고 낮잠을 자는 풍습을 '시에스타(siesta)'라고 하지요. 해가 뜰 무렵부터 6시간이 지나 잠시 휴식을 취한다는 의미에서 붙여진 이름으로 '여섯 번째 시간(hora sexra)'에서 유래한 말이에요. 시에스타 풍습은 지중해 연안 국가(그리스, 에스파냐, 이탈리아 등)와 라틴아메리카(브라질, 페루, 파라과이, 아르헨티나 등) 국가들에서 볼 수 있어요. 한낮에는 덥고 점심 후의 식곤증(식사하고 나서 졸음이 오는 증상)으로 인해 일의 능률이 떨어지기 때문에 일정한 시간을 정해 낮잠을 자거나 휴식을 취한 후 다시 일을 시작하지요. 과학적 연구 결과 시에스타는 사람을 더 건강하게 하고, 지적·정신적 능력을 높이는 효과가 있다고 해요.

행복한 벌새가 된 아들

 아르헨티나, Argentina

옛날 옛적, 아르헨티나의 어느 마을에 몸이 불편한 어머니가 살고 있었어요.
어머니에게는 아들 둘과 딸 둘이 있었는데 자식들끼리 사이가 별로 좋지 않았어요.
하루는 어머니가 자식 네 명을 모두 모아놓고 말씀하셨어요.
"얘들아, 이제 이 어미가 너희를 먹이고, 입히는 일이 힘 드는구나. 너희도 이제 다 컸으니 각자 나가서 부지런히 살아주면 고맙겠다."
그러자 큰아들이 느긋하게 말했어요.
"어머니, 걱정하지 마세요. 하지만 부지런하다고 다 잘 사는 것은 아니에요. 저는 시원한 나무그늘에서 낮잠을 실컷 자고, 밤이 되면 먹을 것을 찾아다니겠어요. 나가서 따로 살라고 하시니 어머니 말씀대로 하겠습니다. 저는 제가 원하는 대로 쉬면서 편안하게 잘 살게요. 안녕히 계세요."

큰아들이 떠나자 큰딸도 걱정 하나 없는 얼굴로 이야기했어요.

"엄마, 저도 오빠처럼 편안하게 사는 게 좋아요. 낮이라도 졸리면 푹 자고, 배가 고플 때만 움직이면 될 것 같아요. 저는 시끄러운 것이 싫으니 조용한 곳을 찾아봐야겠네요. 엄마, 그럼 저도 갑니다."

어머니는 큰아들과 큰딸에게 크게 실망하셨어요.

그렇지만 작은딸은 좀 다를 거라 기대하면서 이야기를 기다렸지요.

"엄마, 오빠와 언니는 틀렸어요. 사람은 뭐니 뭐니 해도 엄마 말씀처럼 부지런해야 잘 산다고요. 어떻게 대낮에 잠을 자고, 배고플 때만 음식을 찾으러 다닌다고 할까요? 분명 언니와 오빠는 거지가 되겠네요. 하지만 저는 달라요. 제가 좋아하는 누에고치에서 실 뽑는 일을 하며 열심히 살 거예요. 그럼 저도 떠나겠어요."

작은딸이 나가자 끝으로 막내아들이 이야기했어요.

"어머니, 형과 누나들이 모두 떠났으니 몸이 불편하신 어머니는 누가 보살피겠어요? 제가 부족하지만 늘 어머니 곁에 있으면서 함께 살고 싶어요."

그렇게 해서 결국 막내아들만 남게 되어 어머니와 단둘이 다정하게 살았지요.

세월이 흘러 어머니께서는 깊은 병에 걸리셨어요. 오래 살 수 없을 거라는 생각에 자식들이 몹시 보고 싶어졌어요.

"막내야, 이제 나는 죽을 날이 얼마 남지 않은 것 같다. 한 번만이라도 그리운 자식들이 보고 싶구나!"

"어머니, 제가 미처 어머니의 마음을 헤아리지 못했네요. 걱정하지 마세요. 제가 형과 누나들을 모두 데리고 올게요. 잠시만 기다려주세요!"

착한 막내아들은 제일 먼저 큰형을 찾아갔어요.

큰형은 시원한 나무 그늘에서 낮잠을 자고 있었지요.

"형님, 어서 집으로 같이 가요. 어머니께서 몹시 편찮으세요."

"어머니께서 아프시다고? 하지만 나는 지금 너무 졸립구나. 다음에 가마!"
막내아들은 어쩔 수 없이 큰누나에게 달려갔어요.
큰누나도 나무에 기대 쿨쿨 자고 있었지요.
"큰누나, 어서 일어나세요. 집으로 저와 같이 가요. 어머니께서 몹시 편찮으세요."
"아이, 시끄러워! 자고 있는데 누가 떠들어? 당장 사라져!"
속이 상한 막내아들은 끝으로 작은누나에게 희망을 품고 찾아갔어요.
"작은누나, 어서 집으로 같이 가요. 어머니께서 편찮으세요."

"막내야, 나는 지금 몹시 바쁘구나. 이렇게 날씨가 좋은 날에는 누에고치에서 실이 더 잘 뽑아진단다. 한가해지면 갈 테니 집에 가서 기다리고 있으렴."

모두 한심한 핑계를 대며 오지 않자 막내 아들은 어쩔 수 없이 터벅터벅 집으로 돌아왔어요.

혼자 돌아오는 아들을 보며 어머니는 더 마음이 아팠지요.

"내가 자식들을 정말 잘못 키웠구나. 다 내 잘못이야, 내 잘못! 흑흑흑"

"그런 말씀 하지 마세요. 형과 누나들이 바빠서 그렇지 금방 올 거예요. 며칠만 기다리면 돼요. 제가 그때까지 더 잘할게요."

어머니는 하염없이 눈물을 흘리시며 바깥만 쳐다보셨어요.

'이제나저제나 언제 오려나. 마지막으로 꼭 한번 내 자식들 얼굴이 보고 싶은데…….'

그렇게 자식들을 기다리시다가 끝내 돌아가시고 말았어요.

"어머니, 죄송해요! 제가 어떻게 해서든 형과 누나를 데리고 왔어야 하는데, 다 제 잘못이에요. 엉엉엉"

자식들로 인해 마음의 병까지 얻어 돌아가신 어머니의 이야기를 하느님까지 듣게 되셨지요.

"이런 괘씸한 것들 같으니! 남매를 모두 부르도록 해라!"

지엄하신 하느님의 명령으로 끌려온 네 남매는 두려웠어요.

머리를 조아리며 하느님께서 어떤 말씀을 하실까 바들바들 떨었지요.

"너희는 어쩌자고 어머니께서 아프셔도 찾아가지 않았느냐?"

"금방 가려고 했습니다. 그런데 낮에 자다 보니 늘 밤이 되어서요. 밤에는 어머니께서 주무실까 봐 못 갔습니다."

큰아들이 말하자 큰딸도 역시 한심한 대답을 했어요. 그러자 작은딸도 변명 아닌 변명을 늘어놓았지요.

"저는 언니, 오빠와는 달라요. 누에고치에서 실을 잘 뽑아서 어머니께 가져가려고 했는데 좀 늦어진 것뿐입니다. 하지만 깊이 반성하고 있어요."

"하느님, 다 제 잘못입니다. 제가 어머니를 편히 모시지 못해서 그렇게 됐습니다. 끝까지 제가 어머니와 함께 있었으니 저에게 모든 벌을 내려주십시오."

막내아들이 진심으로 슬퍼하며 말했어요.

네 남매의 이야기를 들으신 하느님께서는 형과 누나들에게 더 화가 나셨지요.

"이런 동생만도 못된 것들 같으니! 효도는 못 할망정 아픈 어머니를 막내에게만 맡겨놓고 모두 나 몰라라 했다고? 좋다! 그렇다면 거기에 걸맞은 벌을 내리겠다!"

큰아들과 누나들은 무서워서 벌벌 떨며 하느님의 말씀을 기다렸어요.

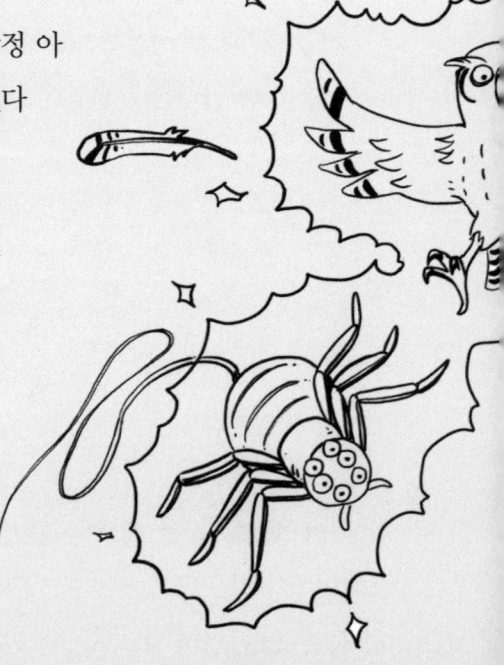

"큰아들과 큰딸은 낮에는 잠만 자고 밤에 돌아다녔으니 올빼미와 부엉이가 되고, 작은딸은 평생 실만 뽑으며 사는 거미가 되어라!"

하지만 끝까지 어머니 곁에서 효도한 막내아들은 마음씨 고운 아가씨를 만나 아들딸 낳고 오래오래 행복하게 살도록 하셨지요. 그리고 죽어서도 '벌새'가 되어 넓은 하늘을 자유롭게 날아다니며 맛있는 꿀을 먹게 해주셨답니다.

여기서 잠깐, '벌새'를 아세요?
'벌새'는 말벌보다 약간 큰 정도로 새치고는 아주 작은 몸을 가지고 있어요. 하지만 빠른 날갯짓이 아름답고, 공중에 정지한 채 긴 부리를 이용해서 싱싱한 꿀을 빨아 먹으며 자유롭게 산답니다.

코모 에스타스 ¿Cómo Estás
아르헨티나

끝없는 초원이 펼쳐지는 나라!

아르헨티나는 '남아메리카의 유럽'이라고 불릴 만큼 유럽의 영향을 많이 받았으며 국민 대부분이 유럽계 백인이에요. 넓은 땅에 비해 인구가 적은 나라이지요. '아르헨티나'라는 이름은 원주민들이 은으로 만든 옷을 입고 있는 것을 보고 라틴어로 '은'이라는 뜻으로 지었대요.

전 국토의 60% 이상이 농사를 짓거나 가축을 기를 수 있는 '팜파스(pampas)'라는 평원으로 구성되어 있는 아주 풍요로운 나라에요. 땅이 비옥하고 비가 자주 와서 밀과 옥수수 같은 작물도 잘 자라지만 사람보다 소가 많다고 할 만큼 가축을 기르기에도 아주 좋아요. 처음에는 양을 주로 키웠으나 냉동선의 발달로 수출이 가능해지면서 세계적인 소고기 생산 국가가 되었어요.

말을 타고 팜파스를 누비는 사람들이 있어요. 바로 아르헨티나의 목동 '가우초'이지요. 가우초는 주로 백인과 원주민 사이에서 태어났으며 '아버지 없는 고아'를 뜻하기도 하고, '방랑자'나 '친구'를 뜻하는 말이기도 해요. 미국의 카우보이와 비슷한 일을 했지요. 챙이 넓은 가우초 모자를 쓰고, 발목까지 내려오는 헐렁한 '봄바차(bombacha)'를 입었으며 어깨에는 판초를 둘렀어요. 거기에 긴 가죽 장화를 신고, 끝없는 평원을 말 타고 달리며 소몰이를 했지요. 가우초들은 '아사도'라는 음식을 즐겨 먹었어요. 가죽과 털이 붙어 있는 채로 고기를 장작불에 은근하게 오랜 시간 구우면 털을 쉽게 없앨 수 있고, 고기는 육즙이 그대로 보존되어 있어 소금만 뿌려 먹어도 정말 맛이 있어 아사도는 아르헨티나의 전통 음식이 되었답니다.

반도네온의 탱고 리듬에 네 몸을 맡겨봐~

아르헨티나에서는 '탱고(tango)'를 '땅고'라고 발음하는데 보통 2박자의 경쾌한 음악이나 그 음악에 맞춰서 추는 춤을 말해요. 19세기 아르헨티나의 항구 도시 부에노스아이레스에 유럽의 이민자들이 모여들면서 고단한 하루의 일과를 마치고, 함께 모여 춤과 음악으로 피로를 푸는 데서 시작했어요. 처음에는 가난한 사람들이 즐기는 문화라고 해서 외면당하기도 했지만 점차 강렬하고 매력적인 탱고의 리듬에 빠지게 되었지요. 그러면서 서서히 인기를 얻게 되어 이제는 아르헨티나를 대표하는 음악과 춤이 되었어요. 탱고 음악은 마음을 울리는 독특한 선율의 '반도네온(bandoneon, 아코디언과 비슷한 손풍금)', 피아노, 바이올린 등과 함께 연주되는데 일반적으로 남녀 한 쌍이 짝이 되어 그 음악에 몸을 맡기며 매혹적인 춤을 추지요. 하지만 탱고는 단순히 춤을 위한 음악이 아니라 연주 음악으로도 인기가 있어요. 그래서 탱고에 아르헨티나 사람들의 기쁨과 슬픔이 녹아 있다고 해요. 아르헨티나 사람들이 탱고 못지않게 좋아하는 것이 있는데 바로 축구에요. 축구와 탱고를 사랑한 나머지 1978년 아르헨티나에서 열린 월드컵 대회의 공식 축구공 이름도 '땅고'라고 지었답니다.

30분 이상 쳐다보면 영혼을 빼앗아간다고요?

아르헨티나와 브라질의 국경에 걸쳐 있는 '이구아수 폭포'는 아메리카 원주민인 과라니 족의 말로 '위대한 물'이라는 뜻이에요. 270여 개의 크고 작은 폭포가 모여 이루어져 있는 세계에서 가장 큰 폭포이지요. 세계 3대 폭포로 꼽히는 나이아가라 폭포(북아메리카에 있음)와 빅토리아 폭포(아프리카에 있음)를 합친 것보다도 훨씬 커요. 특히 '악마의 목구멍'이라 불리는 거대한 폭포 앞에 가면 우르릉하며 천둥 치는 소리가 나고, 엄청난 물이 쏟아지는 장관을 볼 수 있어요. 이구아수 폭포에는 '1분을 보면 걱정이 사라지고, 10분을 보면 인생의 온갖 시름을 삼켜 버리지만 30분을 넘게 보면 영혼을 빼앗아간다.'는 말이 있을 정도로 대자연의 신비를 느낄 수 있답니다.

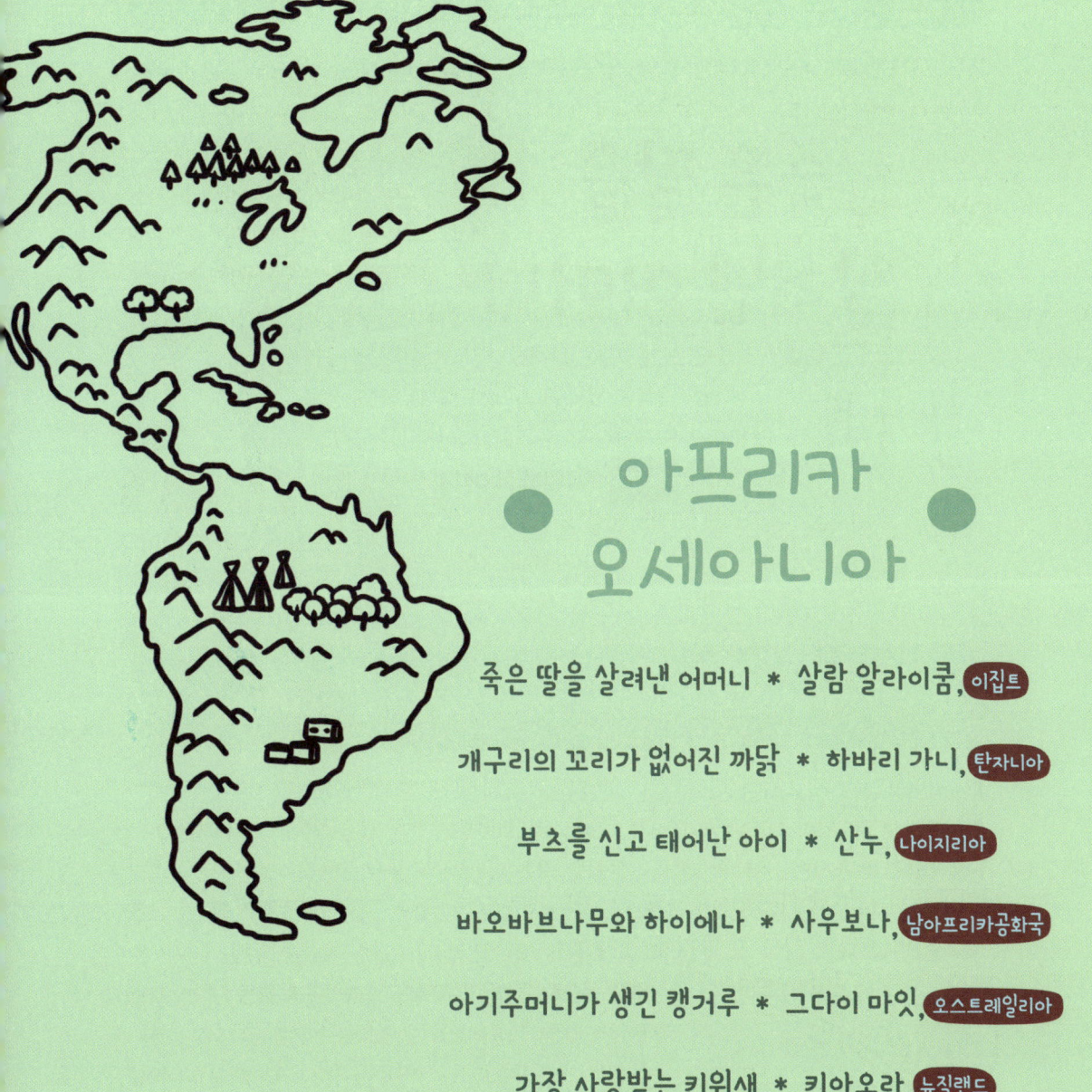

아프리카 오세아니아

죽은 딸을 살려낸 어머니 * 살람 알라이쿰, 이집트

개구리의 꼬리가 없어진 까닭 * 하바리 가니, 탄자니아

부츠를 신고 태어난 아이 * 산누, 나이지리아

바오바브나무와 하이에나 * 사우보나, 남아프리카공화국

아기주머니가 생긴 캥거루 * 그다이 마잇, 오스트레일리아

가장 사랑받는 키위새 * 키아오라, 뉴질랜드

죽은 딸을 살려낸 어머니

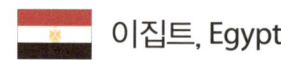

이집트, Egypt

옛날 아주 먼 옛날, 여러 신이 이집트를 다스릴 때의 이야기예요.
누가 보기에도 무척이나 아름다운 가족이 있었어요.
듬직한 아버지와 지혜로운 어머니, 씩씩한 아들 둘과 귀여운 막내딸이 멋진 집에서 남부러울 것 없이 행복하게 살고 있었지요. 그리고 그 집에는 '빛나는 눈동자'라고 불리는 검은색의 용감한 개도 한 마리 살았어요.
어느 날 아버지와 아들들은 사냥하러 밖에 나갔고, 어머니는 부엌에서 가족들을 위해 맛있게 빵을 굽고 계셨어요.
"우리 예쁜 공주님, 엄마가 만든 빵 맛이 어떤지 이야기해 주렴."
"우와, 오늘 빵은 더 달콤한 것 같아요. 정말 엄마의 음식 솜씨는 이집트 최고예요!"

어머니와 막내딸이 빵을 맛보며 평화로운 한때를 보내고 있는데 누군가 문을 두드리는 소리가 들렸어요.

똑똑. 똑똑똑!

그러자 갑자기 빛나는 눈동자가 사납게 짖기 시작했어요.

'이 시간에 누가 왔을까?' 어머니가 궁금해하며 문을 열었지요.

그랬더니 초라한 옷차림의 할머니가 서 계셨어요.

"지나가는 길인데 빵 냄새가 하도 좋아서 문을 두드렸어요. 내가 먼 길을 가느라 배도 고프고, 다리가 아파서 그러니 잠시만 쉬었다 가게 해주세요."

"그러셨군요. 할머니, 어서 들어오세요. 지금 막 빵을 구웠지요. 천천히 드시고, 편안히 쉬었다 가세요."

어머니는 할머니께 갓 구운 빵과 시원한 물을 대접했어요.

"아이고, 고마워요."

할머니께서 빵을 드시며 쉬고 있는데 갑자기 빛나는 눈동자가 할머니께 달려들듯 털을 곤두세우며 무섭게 짖어댔어요.

"으르렁~ 멍멍, 멍멍멍!"

"아휴, 개가 아주 사납군요. 시끄러워서 쉴 수가 없네요. 그런데 저기 있는 고운 아이가 따님이세요?"

할머니는 빛나는 눈동자를 째려봤지요. 그리고 낮잠을 자려고 누워 있는 막내딸의 이마에 뽀뽀하고는 길을 나섰어요.

"배가 고프던 차에 아주 잘 먹고 갑니다. 안녕히 계세요."

그런데 떠나는 할머니의 뒷모습을 보니 뒤통수에도 눈이 두 개 달린 거예요.

"아이고머니나!"

어머니는 소스라치게 놀랐어요.

옛날 할머니께서 하신 말씀이 떠올랐기 때문이에요.

"애야, 죽음을 몰고 오는 신이 있단다. 그 신은 우리와 똑같은 모습을 하고 있지. 하지만 한 가지 다른 점은 삶의 세계와 죽음의 세계를 한꺼번에 봐야 해서 뒤통수에도 눈이 달려 있단다. 그러니 만약 뒤통수에 눈이 달린 사람을 만나거든 빨리 피해야 해. 그 신과 입맞춤을 하면 바로 저승으로 가게 되니까 말이야."

놀란 어머니가 막내딸에게 뛰어갔을 때는 이미 싸늘하게 죽어 있었어요.

"안 된다, 애야! 어찌 이 어미보다 먼저 죽을 수 있단 말이냐. 안 된다, 안 돼!"

어머니는 죽음을 몰고 오는 신이었던 할머니를 집으로 들인 자신을 원망하면서 가슴이 찢기는 슬픔에 울부짖었어요.

그때 빛나는 눈동자가 어머니의 팔을 자꾸만 잡아끌었어요.

"빛나는 눈동자야, 왜 그러니? 너를 따라오라는 말이니?"

어머니는 지푸라기라도 잡는 심정으로 막내딸을 안고 빛나는 눈동자를 따라갔어요.

밤이 어두워질 때까지 쫓아가다 보니 이집트의 왕인 파라오 무덤이 있는 곳에 도착하게 되었지요.

빛나는 눈동자는 그 무덤 중에 제일 커다란 관이 있는 곳으로 뛰어 올라갔어요.

그러자 놀랍게도 개의 모습이 사라지면서 덩치가 어마어마하게 커졌어요.

"놀라지 마라! 나는 아누비스다!"

'아누비스'는 '죽은 자들의 신'이었어요. 자칼의 머리에 인간의 몸을 지녔으며 사람을 저승에 데리고 갈 수도, 천국에서 다시 살아나게 할 수도 있게 하는 신이었지요.

"아누비스님, 그동안 몰라 뵈어 정말 죄송합니다."

어머니는 깜짝 놀라 머리를 숙이며 말했어요.

"죽은 자들의 신이시여, 제게 간절한 소원이 있습니다. 제발 저희 딸아이를 살려주세요! 어리석은 저의 잘못으로 어린 제 딸이 죽었습니다. 차라리 저를 데려가십시오. 귀여운 제 딸은 아직 죽을 때가 되지 않았사옵니다."

"알고 있다. 네 딸을 살리고 싶다면 내가 하는 말을 잘 듣고 그대로 해라! 지금 내가 앉아있는 관 뚜껑을 열면 파피루스가 있을 것이다. 그 줄기를 길게 꼬아 목걸이로 만들어 아이의 목에 걸어 주어라."

아누비스는 이 말을 남기고 사라졌어요.

어머니는 한걸음에 달려가 파라오의 관 뚜껑을 열었지요. 함부로 관을 여는 것이 몹시 두렵기도 했지만 딸을 살릴 수만 있다면 어머니는 못할 일이 없었어요. 무서움을 참고, 관을 열어보니 정말로 파피루스가 보였어요.

어머니는 주저하지 않고 차가운 땅바닥에 그대로 앉아 억센 파피루스 줄기를 열심히 꼬기 시작했지요.

'아누비스님의 말씀대로 어서 목걸이를 만들자!'

어머니의 손에서는 피가 철철 흘렀어요. 그렇지만 어머니는 그 아픔도 잊은 채 오직 딸만을 생각하며 목걸이를 만들었지요.

파피루스로 만든 목걸이가 완성되자 어머니는 죽은 막내딸의 목에 걸었어요.

"애야, 아가야. 얼른 일어나라. 엄마랑 집에 가자. 어서 일어나거라."

어머니가 간절하게 딸의 온몸을 쓰다듬으며 말하자 막내딸의 몸이 따뜻해졌어요. 이내 피가 돌기 시작하더니 건강하게 깨어났지요.

"엄마, 무슨 일이세요?"

아무것도 모른 채 잠에서 깬 듯 눈을 비비며 막내딸이 말했어요.

"이렇게 환한 모습으로 엄마에게 돌아와 주어 고맙구나!"

"그런데 왜 엄마 손에서 이렇게 피가 나요?"

"괜찮다, 애야, 다 괜찮다. 어서 집에 가자꾸나! 아버지와 오빠들이 기다리겠다."

어머니는 어여쁜 막내딸의 손을 꼭 붙잡고 집으로 돌아가면서 아누비스 신께 감사의 말을 전했어요.

"아누비스님, 저희를 이렇게 보살펴 주셔서 진심으로 감사합니다!"

멀리서 이 모습을 지켜보던 죽은 자들의 신 아누비스는 흐뭇한 미소를 지었답니다.

살람 알라이쿰
Salaam Alaykum,
이집트

> 나일 강의 홍수가 이집트 문명을 만들었다네~

이집트는 아프리카의 제일 북쪽에 위치해요. 지중해를 사이에 두고는 유럽, 홍해를 사이에 두고는 아시아와 접해 있어서 지리적으로 아프리카와 아시아, 유럽을 잇는 아주 중요한 곳이지요.

이집트는 아주 건조한 지역이에요. 수도 카이로에는 일 년에 비가 보통 25㎖밖에 내리지 않으며 수년간 비가 오지 않는 지역도 있다고 해요. 그래서 전 국토의 95%가 사막이지만 다행히 이집트의 한가운데를 흐르는 나일 강이 있어요. 나일 강은 '대단히 큰물이 있는 바다'라는 뜻으로 아프리카에서 제일 긴 강이지요. 예로부터 나일 강은 해마다 홍수가 나서 물이 넘쳤는데 오히려 그곳에 상류에서 내려오는 좋은 영양분이 쌓여 농사짓기 좋은 땅이 되었어요. 그래서 수천 년 동안 이집트 사람들은 나일 강을 둘러싸고 모여 살았지요. 매년 홍수가 났기 때문에 사람들은 이 시기를 미리 알아 농사의 시기를 조절하려 했어요. 그런 노력으로 인해 태양의 움직임을 관찰하면서 오늘날 달력의 기초가 된 태양력을 만들었으며 1년이 365일이라는 것도 알아냈지요. 또 별의 움직임을 관찰하는 천문학도 발달했어요. 홍수가 났을 때를 대비하여 강변에 둑을 쌓아 넘치는 물을 가두고, 비가 오지 않을 때는 밭으로 흘러가게 했지요. 그래서 건축술, 수학 등이 발달하였고, 글자도 만들어 썼어요. 이것을 바탕으로 화려한 고대 이집트 문명을 꽃피울 수 있었답니다.

피라미드를 보지 않고는 이집트를 말하지 마라!

'파라오'는 고대 이집트의 왕으로 태양신의 후손이라 생각하여 숭배했고, 죽은 후에도 영혼이 되살아날 것이라고 믿었어요. 그래서 파라오가 죽으면 몸은 미라로 만들었고, 죽은 뒤에도 머물 수 있는 곳이 필요하다고 생각하여 거대한 무덤인 피라미드를 만들었지요. '자그마치 약 4,500년 전 사막 한가운데에 과연 이 어마어마하게 큰 돌들을 어떻게 옮기고 쌓았을까?'에 대한 해답을 지금까지 찾지 못하고 있어 피라미드가 불가사의한 건축물로 꼽히는 이유이지요.

피라미드 앞에서 영원히 왕을 지키는 조각상이 있어요. 사람의 머리와 사자의 몸을 가진 상상의 동물, 바로 '스핑크스'예요. 옛날 이집트 사람들은 스핑크스를 '공포의 아버지'라고 불렀을 정도로 두려워했대요. 동물의 왕 사자에 대한 숭배에서 비롯했다고 알려져 있어 스핑크스는 왕의 강력한 권력을 상징한답니다.

파피루스(papyrus) → 페이퍼(paper)

'삶, 생명'이란 뜻의 '에이시(aish)'는 이집트 사람들이 먹는 빵이에요. 곡물가루에 물을 붓고 효모를 넣어 반죽한 다음 하루 동안 발효를 시켜 토기나 화덕에 구웠기 때문에 겉보기에는 두툼하고 크지만 알고 보면 속이 비어있는 두 겹의 빵이에요. 이집트 사람들이 '우리의 생명'이라고 부르는 에이시 만드는 법은 이집트 벽화에 그림으로 남겨져 있을 정도이지요.

파피루스는 나일 강가에 자라는 풀인데 키가 2~5m로 아주 큰 갈대의 일종이에요. 옛날 이집트 사람들은 파피루스가 질기고 억세어 줄기를 잘라서 바구니나 배 등을 만들었어요. 또 파피루스 줄기를 여러 겹으로 잘라 물에 담가놓은 다음 천으로 덮어 나무망치로 두드린 후 무거운 돌이나 압축기로 눌러 놓으면 파피루스 사이에서 끈끈한 성분이 나와 서로 달라붙어요. 이것을 말리면 종이가 되지요. 영어의 종이란 뜻의 '페이퍼paper'가 파피루스에서 나온 말이라고 해요. 종이가 없었을 때는 돌멩이나 점토에 그림을 그리고 글자를 썼지만 파피루스가 발명되면서부터 훨씬 쉽게 기록으로 남길 수 있게 되었답니다.

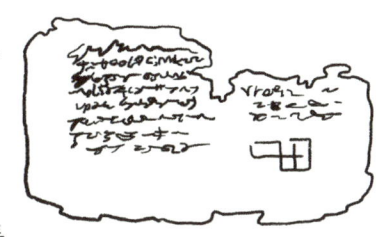

개구리의 꼬리가 없어진 까닭

탄자니아, Tanzania

옛날 옛적, 탄자니아의 어느 숲 속에 수다쟁이 개구리가 살고 있었어요.
"아, 부리부리한 내 눈! 개골개골 노래 잘하는 큰 입! 튼튼한 뒷다리!
나는 아무리 봐도 정말 잘 생겼어!
그런데 안타까운 건, 너무나 안타까운 건……
하늘의 새도 있고, 하마도 있고, 하물며 원숭이도 꼬리가 있는데,
왜 나만 꼬리가 없는 거야!
아, 아쉬워! 아쉬워!! 아쉬워!!!
하느님, 왜 제게는 꼬리가 없는 겁니까?
저에게도 길고 멋진 꼬리를 만들어 주세요, 네?"

개구리는 매일매일 하늘을 쳐다보며 소리쳤어요. 하늘에서 듣고 계시던 하느님께서는 개구리의 소리가 너무 시끄러워 머리가 지끈지끈하셨지요.

'아이고, 머리야! 저 개구리 녀석 때문에 시끄러워 못 살겠네! 매일 저렇게 큰소리를 칠 만큼 꼬리가 갖고 싶을까? 그래, 녀석이 저렇게 원하니 아무래도 꼬리를 하나 만들어 줘야겠다. 그래야 좀 세상이 조용해지겠지?'

하느님께서는 꼬리를 만들어 주는 대신 적당한 역할도 주어야겠다고 생각하셨어요.

"개구리야, 개구리야! 시끄러운 개구리야!"

"예, 하느님! 저 여기 있어요. 저에게도 꼬리를 만들어 주시려고 부르시는 거지요?"

"그래, 그래! 개구리야, 꼬리를 갖고 싶다는 너의 소원이 간절한 것 같구나. 그래서 내가 너에게도 길고 멋진 꼬리를 만들어 주마! 대신 네가 사는 숲 속에 옹달샘이 마르지 않도록 지키는 임무를 주겠다. 그래서 모든 동물이 언제나 깨끗하고, 신선한 샘물을 마실 수 있도록 해야 한다. 할 수 있겠느냐?"

"물론이고말고요! 제가 옹달샘을 지키는 것 정도는 진짜 잘할 수 있습니다. 근사한 꼬리도 만들어 주시는데 제가 뭘 못하겠어요? 하느님, 맡겨만 주세요."

개구리가 약속하자 그 순간 길고 멋진 꼬리가 뾰로롱 생겼어요.

"야호~ 드디어 내게도 근사한 꼬리가 생겼다!"

개구리는 너무 행복했어요. 그래서 또 하늘에 대고 소리쳤지요.

"하느님, 감사합니다! 제 꼬리 정말 마음에 들어요. 옹달샘은 잘 지키겠습니다. 충성!!"

'오, 이제야 좀 조용히 쉴 수 있겠네~'

하느님께서는 빙그레 미소를 지으셨지요.

개구리는 꼬리를 쓰다듬으며 신이 나서 폴짝폴짝 뛰어다녔어요.

'아우, 멋져! 아주 멋져! 진짜 멋져! 이렇게 멋진 꼬리가 나에게 생기다니! 아우, 좋아! 아주 좋아! 진짜 좋아!'

그리고는 숲 속에 사는 동물들에게 꼬리를 자랑하러 쏜살같이 달려갔어요.

"동물 여러분, 제게도 드디어 아름다운 꼬리가 생겼답니다. 어서들 모이세요!"

동물들은 모두 개구리에게 꼬리가 생긴 것을 축하해 주었어요.

그런데 갑자기 개구리가 남의 꼬리를 흉보기 시작했지요.

"하마야, 너는 어째 덩치에 안 어울리게 꼬리가 그리 짤막하냐? 헤헤헤

돼지야, 너는 꼬리가 어째 그리 꼬불거리냐? 헤헤헤

토끼야, 너의 꼬리는 솜뭉치처럼 몽탁하구나! 헤헤헤

어떠냐? 내 길고 멋진 꼬리, 진짜 부럽지? 우하하하"

동물들은 개구리가 잘난 척하는 것이 못마땅하고 기분이 나빠 모두 집으로 돌아갔어요.

그러던 어느 날부터 숲 속 마을에 비가 내리지 않았어요.

비가 적당히 오면 옹달샘을 관리하기 편하지만 비가 오지 않으면 물길도 내줘야 하고 바쁘게 움직여야 했지요. 하지만 개구리는 일은 안 하고, 꼬리 자랑만 하고 다니면서 오

히려 동물들에게 물을 먹지 말라고 했어요.

"옹달샘이 말라가고 있으니 오늘부터 모두 물을 마시면 안 됩니다!"

그리고는 아무도 모르게 자기만 홀짝홀짝 샘물을 먹었지요.

'하하하. 아주 좋아! 근사한 꼬리도 생기고, 물도 나만 신나게 마실 수 있으니 말이야.'

"개구리야, 물 한 번만 마시게 해줘. 내가 너무 목이 말라서 그래."

토끼가 찾아와 말했어요.

"안 돼! 옹달샘에 물이 없어. 그러니 어서 돌아가!"

목이 마른 뱀, 돼지, 하마가 찾아왔지만 모두 물을 마시지 못했어요.

동물들은 잔뜩 화가 났지요.

"정말 못된 개구리야. 옹달샘이 자기 것도 아닌데 우리는 물도 못 마시게 하고."

"어쩜 저럴 수 있지? 우리 이 사실을 하느님께 말씀드리는 것이 어떨까?"

숲 속이 시끌시끌하니 하느님께서 이번에는 또 무슨 일인가 내려다보셨어요. 그리고는 동물들이 화가 나서 하는 소리를 들으셨지요.

'이런 괘씸한 개구리 같으니! 지키라는 옹달샘은 안 지키고, 꼬리 자랑만 한다고? 내가 직접 가서 보고 아주 혼쭐을 내 줘야겠다.'

그래서 하느님께서는 동물의 모습으로 변신하고 옹달샘에 나타나셨어요.

"개구리님, 목이 말라 그러니 물 좀 마시게 해 주세요."

"넌 또 누구니? 처음 보는 동물인대?"

"네, 지나가는 길인데 너무 목이 말라서요."

"야, 다른 데 가서 마셔. 지금 이 옹달샘에 물이 말라가는 거 안 보이니?"

개구리의 말에 하느님께서는 화가 많이 나셨어요. 그래서 본래의 모습으로 돌아오시고는 크게 호통을 치셨지요.

"이놈! 네가 어찌 이럴 수가 있단 말이냐?"

개구리는 하느님의 목소리인 것을 알고는 깜짝 놀라 땅에 납작 엎드렸지요.

"아이고, 하느님이라고 말씀을 하지 그러셨어요?"
"뭐라고? 나쁜 녀석 같으니! 내가 꼬리를 만들어 주면 너는 옹달샘을 잘 지키기로 하였거늘 나와의 약속을 벌써 잊었단 말이야?"
"아이쿠, 잘못했습니다. 한 번만 용서해 주세요! 제발 한 번만!!"
개구리는 엉엉 울면서 두 손 두 발 모두 싹싹 빌었지만 하느님께서는 단호하셨어요.
"개구리야, 너는 약속을 어겼으니 네 꼬리는 도로 가져가겠다!"
그 순간 꼬리는 사라졌고, 하느님께서는 다시 하늘로 올라가셨답니다.

여기서 잠깐!
하느님께서는 개구리의 꼬리를 완전히 가져가지는 않으셨어요.
개구리가 스스로 무슨 잘못을 했는지 기억할 수 있도록 어린 시절인 올챙이 때는 긴 꼬리를 주셨다가 어른 개구리로 자라면서 꼬리가 점점 사라지도록 하셨지요.

하바리 가니
Habari gani,
탄자니아

☕ 바로 여기가 인류의 고향이란다! ☕

탄자니아는 아프리카의 동쪽에 자리하고 있으며 인도양을 접하고 있어요. 북쪽으로는 '반짝이는 산'이란 뜻의 아프리카에서 가장 높은 킬리만자로 산이 우뚝 솟아 있지요. 바로 위에 적도가 있어 무더운 곳이지만 킬리만자로 산 꼭대기는 일 년 내내 눈으로 덮여 있을 정도에요. 이처럼 탄자니아는 국토 대부분이 산과 초원으로 구성되어 있어요. 그래서 사자나 얼룩말 같은 야생 동물들이 살기에 좋으며 사람들은 주로 커피, 목화, 잎담배 등 농사를 지으며 생활하지요. 그중에서 탄자니아의 커피는 '커피의 신사', '영국 왕실의 커피'라는 별명을 가지고 있을 정도로 깊은 맛과 향이 좋아 최고급의 커피로 사랑받고 있어요.

인류의 화석은 주로 아프리카에서 발견되는데 특히 탄자니아의 올두바이 계곡에서 초기의 화석이 많이 발견되어 이곳을 '인류의 고향'이라고 불러요. 올두바이 계곡이 현재는 사막이지만 원래는 호수여서 초기 인류의 화석은 물론 이들이 사용한 다양한 석기가 발견되었어요. 이곳에서 발견한 화석을 '호모 하빌리스(Homo habilis, '도구를 사용하는 손재주가 있는 사람'이라는 뜻)'라고 하는데 다리의 뼈를 보면 두 발로 걸어 다녔으며, 도구를 사용하기에 편한 손가락뼈를 가지고 있었다는 것을 알 수 있어 인류의 시작이 아프리카였다는 사실을 말해 주고 있답니다.

☕ 지상 최고의 동물 왕국 세렝게티로 오세요~ ☕

　탄자니아 북부에 위치한 세렝게티 국립공원은 '끝없는 초원(=땅이 영원히 이어진 곳)'을 뜻하는 말로 다양한 종류의 동물이 사는 야생 동물의 천국이에요.
　대형동물만 삼백만 마리가 넘고, 조류 또한 오백여 종에 가까워 인류가 꼭 보존해야 할 곳이지요. 그래서 유네스코 세계 자연 유산으로 등록되어있는 야생 동물 보호 구역이에요. 면적이 서울의 약 24배라고 하니 정말 어마어마한 크기를 자랑하지요. 워낙 넓고 위험한 곳이 많아서 관광객들은 '사파리 투어'를 해요. 자동차를 타고 다니며 동물들이 사는 곳을 직접 보는 거예요. 이곳은 건기(비가 적은 계절)와 우기(비가 많은 계절)가 반복되는데 건기인 6월에서 10월 사이에는 비가 오지 않아 누, 가젤, 얼룩말 등과 같은 초식 동물들이 신선한 풀과 물을 찾아 대이동을 하지요. 이들이 한번 이동을 시작하면 무서운 맹수들도 막을 수 없대요. 이 모습이 멋진 장관이라 영화 〈라이온 킹〉에도 나왔을 정도에요. 또 탄자니아 사람들의 동물 사랑은 대단해서 지폐(종이돈)에 코끼리, 코뿔소, 사자 등 동물들이 그려져 있답니다.

☕ 손으로 조물조물 뭉쳐 먹어야 제 맛이라고요? ☕

　탄자니아는 날씨가 덥기 때문에 음식을 할 때 조리 과정이 단순한 것이 많아요. 대표적인 전통 음식으로 '우갈리(ugali)'가 있어요. 옥수수를 곱게 갈아서 뜨거운 물에 찐 다음 우리나라의 떡인 백설기처럼 덩어리로 만들어요. 그런 다음 손으로 떼어서 조물조물 뭉쳐서 튀긴 생선, 염소고기 등과 곁들여 소스에 찍어 먹지요. 우갈리는 맨손으로 먹기 때문에 식사 전에 반드시 손을 깨끗이 씻어야 해요. 그래서 탄자니아의 식당에 가면 음식이 나오기 전에 손을 씻을 수 있도록 물을 담은 그릇과 수건을 가져다주지요.

　아프리카의 자연, 동물, 사람 등을 간단하고 재미있게 그린 후 선명한 색깔로 칠해 화려하면서도 정겨운 그림들을 '팅가팅가'라고 불러요. '에드워드 사이디 팅가팅가(Edward Saidi Tinga Tinga, 1932~1972)'는 탄자니아 사람으로 전문적으로 그림을 배우지는 못했어요. 하지만 채소 장사를 하면서도 틈틈이 싸구려 페인트로 건물 벽이나 나무판자에 그림을 그렸는데 독특하면서도 강렬해서 그의 그림을 찾는 사람이 많아졌지요. 이후 그의 아들과 제자들이 '팅가팅가 스타일'로 왕성하게 활동하면서 아프리카의 현대 미술로 평가받고 있답니다.

나이지리아
전래동화

부츠를 신고 태어난 아이

 나이지리아, Nigeria

먼 옛날, 나이지리아의 어느 마을에 신기한 아기가 태어났어요.
잘 생긴 사내아이였는데 글쎄 신발을 신은 채로 태어난 거예요.
"우리 아기가 너무 불편할 것 같아요. 얼른 신발을 벗겨야겠어요."
게다가 그 신발은 종아리까지 오는 긴 부츠였거든요. 아기의 부모님이 부츠를 벗기려고 아무리 애를 써도 벗겨지지가 않았어요.
어쩔 수 없이 부츠 벗기는 것을 포기하고, 대신 아기에게 '오리샤'라는 귀한 이름을 지어주셨어요.
"아기가 크면서 부츠도 벗겨지겠지요. 우리 그냥 정성껏 키워요."
부모님께서는 아기의 발이 커지면 부츠가 저절로 찢어지지 않을까 기대했지만 몸이

커가는 대로 부츠까지 덩달아 길어지고 커졌어요.

"여보, 이 아이는 보통 아이가 아니에요. 분명히 신께서 계획하신 일이 있어 태어난 아이일 거예요. 그때까지 우리가 잘 보살핍시다."

오리샤는 부모님의 기대대로 건강하고, 씩씩하게 잘 자랐어요.

오리샤가 열일곱 살이 되던 해에 이웃 마을에서 많은 적이 쳐들어왔어요.

어린아이를 뺀 모든 남자가 전쟁터에 나가서 싸우게 되었지요.

오리샤는 누구보다도 앞장서서 열심히 적을 무찔렀어요.

그런데 이상한 일이 생겼어요.

오리샤를 향해 날아오는 화살은 휘어지고, 칼도 스쳐 지나가는 거예요.

그뿐 아니라 오리샤로 향하던 화살에 다른 청년이 맞았고, 오리샤를 스쳐 가는 칼에 또 다른 청년이 쓰러졌어요.

그 때문에 오리샤는 절대 죽지 않는 아이라는 것을 알게 되었지요.

"오리샤 때문에 우리 마을 청년들이 더 많이 죽었어요. 오리샤는 정말 '불길한 아이'에요."

마을 사람들은 활과 칼이 피해 가는 오리샤를 미워하고, 따돌리기 시작했어요.

"오리샤를 이 마을에서 내쫓아야겠어요. 저 아이 때문에 우리 아들이 모두 죽었어요."

"맞아요! 우리 남편도 오리샤가 피해간 화살에 맞아 죽었어요. 오리샤를 내쫓읍시다!"

마을 사람들이 오리샤를 너무 미워해서 어쩔 수 없이 부모님과 살던 정든 마을을 떠날 수밖에 없었어요.

"아버지, 어머니! 정말 죄송해요. 제가 떠나겠습니다. 물론 제가 잘못한 것이 아니라 억울한 마음은 들지만 마을 사람들을 대하기가 힘들어요. 게다가 저 때문에 부모님도 함께 힘드시잖아요. 하지만 반드시 '불길한 아이'라는 소리가 나오지 않도록 열심히 살아서 다시 돌아오겠습니다. 그때까지만 기다려 주세요."

오리샤는 태어나고 자란 마을을 떠나 정처 없이 떠돌게 되었지요.

그러던 어느 날, 노을이 지는 저녁 무렵 일을 끝내고 부지런히 집으로 돌아가는 사람들과 마주쳤어요.

'이 마을은 조용하며 평화로워 보이는구나. 당분간 여기서 지내야겠다.'

땡~땡~땡, 땡~땡~땡

그때 갑자기 커다란 종이 울리기 시작했어요.

그러자 지나가던 할아버지께서 오리샤의 손을 잡아끌며 자기 집으로 데리고 들어갔어요. 그리고는 가족들이 모두 있는 것을 확인한 후 창문도 꼭꼭, 대문도 꼭꼭 잠갔지요. 도대체 무슨 일인가 궁금해하는 오리샤에게 할아버지께서 말씀하셨어요.

"젊은이, 우리 마을에는 밤이 되면 커다란 독수리가 나타나 사람들을 잡아먹는다네. 그래서 해가 떨어지면 새벽이 올 때까지 절대로 밖을 돌아다니면 안 되지. 오늘 밤은 누추해도 우리 집에서 머물고 가게나!"

"할아버지, 아무것도 모르는 저에게 이렇게 은혜를 베풀어 주시니 감사합니다!"

창문 밖을 내다보니 정말 날개가 커다랗고 사납게 생긴 독수리가 눈을 부라리며 날아다니고 있었어요.

아침이 밝아오자 오리샤는 할아버지께 다시 한 번 진심으로 감사의 인사를 드렸어요. 그리고는 바로 그 마을의 추장님을 찾아갔지요.

"추장님, 저는 오리샤라고 합니다. 마을 사람을 해치는 독수리를 제가 잡아 오겠습니다!"

"뭐라고? 그렇게만 해 준다면야 더 바랄 것이 없겠지만 그게 그렇게 호락호락한 일이 아니라네. 독수리를 잡겠다고 죽은 청년도 여럿이고…… 하지만 만약 자네가 독수리를 잡아온다면 큰 선물을 내리겠네."

"걱정마십시오. 저에게는 특별한 능력이 있습니다."

둥둥둥~ 둥둥둥~

그날 밤, 오리샤는 무섭게 생긴 동물 가면을 쓰고, 북을 치며 소리치기 시작했어요.

"나오너라, 독수리야! 나오너라, 겁쟁이 독수리야! 나와 한 판 붙어보자!"

"오호라, 며칠 동안 사람 구경을 못 했는데 제 발로 나타나다니! 그래, 네 소원이라면 얼마든지 싸워주마!"

독수리가 힘차게 날갯짓을 하자 거센 바람 소리가 났어요. 그 순간 오리샤를 향해 쏜살같이 날아들었지요. 오리샤는 북을 내려놓고, 가슴에 숨기고 있던 칼을 꺼내 날아오는 독수리를 향해 휘둘렀어요. 하지만 오히려 오리샤가 독수리의 날카로운 발톱에 걸려 하늘 높이 날아오르게 되었지요. 그 틈을 타 오리샤는 독수리의 날개 위에 올라타고는 날카로운 칼로 독수리의 심장을 깊숙이 찔렀어요. 그러자 힘을 잃은 독수리가 그만 오리샤를 공중에서 놓쳐 함께 땅에 떨어지고 말았지요.

독수리는 마지막 힘을 다해 무시무시한 발톱으로 오리샤를 할퀴었어요. 독수리의 발톱에 오리샤의 부츠 한쪽이 벗겨져 나갔고, 오리샤도 힘을 잃고 쓰러졌지요.

이 광경을 몰래 지켜보고 있던 사냥꾼이 있었어요.

'이게 무슨 일이지? 지금까지 우리 마을을 괴롭히던 그 사나운 독수리가 죽은 거야? 그리고 가만히 보니 독수리를 죽인 저 녀석도 가망이 없어 보이는군! 어서 추장님께 가서 내가 독수리를 해치웠다고 말씀드리고 선물을 받아야겠다! 옳거니!'

사냥꾼은 죽은 독수리를 안고 당당하게 추장님께 갔어요.

사람들을 괴롭히던 독수리가 죽었다는 소식에 온 마을 사람들이 성대한 잔치를 벌였지요.

"드디어 우리 마을에 평화가 왔다네~ 쿵짝 쿵짝 쿵짝짝! ♩ ♩ ♫ ♫"

뒤늦게 정신을 차린 오리샤가 추장님께 와서 독수리의 발톱에 찢긴 자신의 부츠를 내보이며 말했어요.

"이 부츠 한 짝은 제가 신고 있던 것입니다. 보면 아시겠지만 독수리는 제가 죽였습니다."

추장님은 거짓말을 한 사냥꾼에게는 벌을 내리셨고, 오리샤에게는 약속대로 큰 선물을 주셨지요. 이 소문은 오리샤가 살던 마을에까지 퍼졌어요.

그때부터 오리샤는 '행운을 가져오는 사람'이라 불렸지요.
"사랑하는 아버지, 어머니! 저 왔어요. 부츠를 벗고 멋지게 돌아왔어요!"
부모님은 물론 마을 사람들도 모두 나와 오리샤를 반갑게 맞아주었답니다.

산누 Sannu, 나이지리아

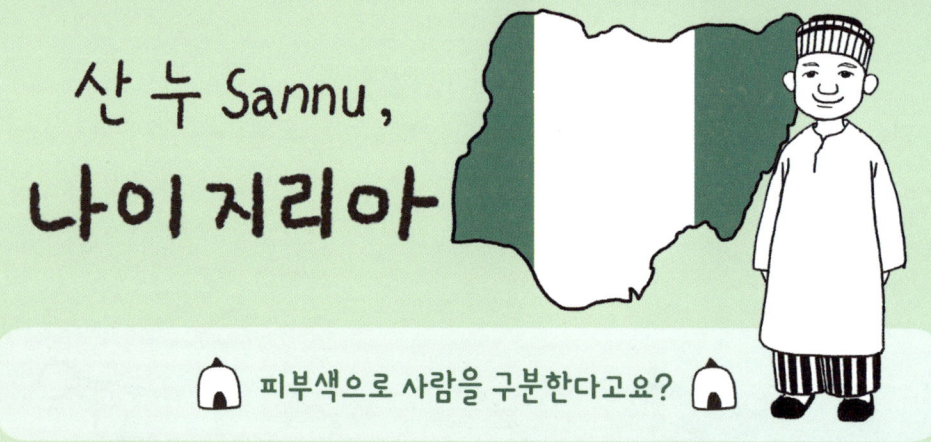

🏠 피부색으로 사람을 구분한다고요? 🏠

나이지리아에 처음 온 유럽인들이 까만 피부의 사람들을 보고 '니그로'라고 하였는데 스페인어로 '검정색'을 뜻하는 말이에요. 그래서 '나이지리아(Nigeria)'라는 나라 이름은 '검정색'을 뜻하는 '니그로(negro)'와 나이지리아에 흐르는 큰 강 '니제르 강(Niger River)'에서 유래한 말이라고 해요. 그런데 이처럼 사람을 피부색으로 구분하는 것은 바람직하지 않아요. 특히 흑인에게 '니그로', 즉 검은 피부의 사람이라고 말하는 것은 흑인을 낮춰 부르는 말로 들릴 수 있어서 다른 단어로 바꿔 부르는 것이 좋아요.

검은 갈색을 띠었으며 자동차, 비행기를 움직이게 하고 보일러 등 연료로 쓰이는 액체가 무엇일까요? 바로 석유에요. 나이지리아는 아프리카에서 석유가 가장 많이 나는 나라에요. '석유를 얻는 자가 세계를 얻는다.'는 말이 있을 정도로 현대를 살아가는 우리에게 석유는 꼭 필요하지요. '니제르 델타'는 나이지리아 남부의 유전지대로 니제르 강이 바다와 만나는 곳에 형성된 삼각주여서 그런 이름이 붙었는데 바로 이곳에서 석유가 많이 나왔어요. 석유가 나오기 전 이 땅에서 주민들은 농사를 짓고, 물고기를 잡으며 조용하고 평화롭게 살았어요. 그래서 석유가 처음 개발되었을 때 주민들은 당연히 삶이 더 풍요로워질 것이라 기대하였지요. 하지만 그곳에 나무를 베어내 환경을 파괴하고, 원유가 새어나가는 등 대기 오염 등으로 사람들은 오히려 더 살기가 힘들어져 '니제르 델타의 저주'라고 한답니다.

우리가 서아프리카의 거인이라네~

나이지리아는 아프리카의 서쪽 중심에 위치하는 나라로 아프리카에서 가장 인구가 많아요. 그래서 '서아프리카의 거인'이라는 별명을 가지고 있지요. 공식적으로만 250여 개의 종족이 있는데 그중에 하우사족, 풀라니족, 요루바족이 가장 많아요. 여러 민족이 한 나라를 구성하여 사는 다민족 국가이기 때문에 원시 종교인 토착 신앙을 비롯하여 기독교와 이슬람교 등 종교도 다양해요. 문화 또한 다양한 색깔을 가진 독특한 문화들이 함께 공존하며 살고 있어요. 영국의 통치를 받은 적이 있어 공식 언어는 영어이지만 종족별로 각기 다른 고유의 언어를 사용하고 있지요. 그래서 나이지리아 사람들은 자기가 태어난 고향의 말을 배우고, 또 다른 부족 사람들을 만났을 때 사용하는 말도 배우며, 학교에서는 영어까지 배우니까 적어도 세 가지 말을 할 줄 안다고 해요. 어쨌든 인구가 많다 보니 경제를 살리는 큰 밑받침이 되는 것도 사실이지만 여러 부족 사이에 크고 작은 갈등을 겪기도 한답니다.

북소리에 맞춰 내 심장도 쿵쾅쿵쾅!

세계에는 다양한 악기들이 참 많아요. 그중에서 아프리카 사람들은 타악기(손이나 채로 쳐서 소리를 내는 악기)를 특히 좋아하지요. 북소리를 들으면 묘하게 심장이 두근거리며 울림을 주기 때문에 북이 빠르게 울리면 심장도 덩달아 빨리 뛰지요. 북소리는 예로부터 '생명의 울림이자 하늘로부터 내려오는 성스러운 소리'라고 했어요. 그래서 축제를 벌여 흥을 돋우고 싶을 때 북을 치거나 다른 부족들과 전쟁을 치르기에 앞서 전사들에게 용기와 자신감을 불어 넣어주려고 북을 쳤지요.

나이지리아를 비롯한 서아프리카에서는 '젬베(djembe)'라는 타악기가 유명해요. 와인 잔 모양의 통나무를 골라 그 안을 파낸 뒤, 위쪽에 염소 가죽을 씌워 맨손으로 두드려 소리를 내는 북이에요. 젬베는 가벼워서 이동하기도 좋지만 손가락으로 치느냐, 손바닥으로 치느냐, 몸통을 치느냐에 따라 모두 각기 다른 소리가 나지요. 그래서 젬베를 '원시 아프리카 리듬이 솟구치는 타악기'라고 부른답니다.

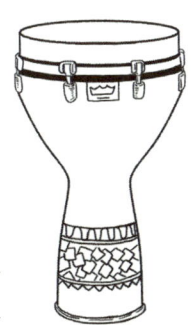

남아프리카공화국
전래동화

바오바브나무와 하이에나

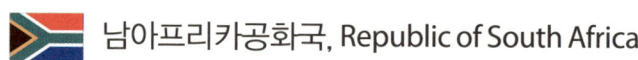
남아프리카공화국, Republic of South Africa

까마득히 먼 옛날, 하느님께서 인간 세상을 만드셨어요.
 그때 아프리카 땅을 만드시면서 가장 먼저 바오바브나무를 만드셨대요. 세상에서 가장 크고 오래 살도록 하셨으며, 나무의 줄기도 튼튼하게 만들어 보시기에 아주 좋았지요. 하지만 바오바브나무는 자신의 모습이 몹시 마음에 들지 않았어요.
 '에이, 기왕 만들어 주시려면 날씬한 줄기에 예쁜 꽃도 피우게 하시지 난 너무 뚱뚱하고 크기만 해!'
 하느님께서는 바오바브나무가 구시렁거리며 불만을 품자 화가 나셨어요.
 "뭐라고? 괘씸한 것 같으니! 내가 아주 우람하게 정성껏 만들었구만!"
 하시면서 뿌리째 뽑아 거꾸로 던져버리셨어요.

"으악! 안돼요!"

바오바브나무는 깜짝 놀랐지요. 하지만 그때부터 뿌리가 하늘을 향해 거꾸로 자라는 것 같은 이상한 모습이 되어 버렸지요. 더욱 자신의 모습이 마음에 들지 않아 속이 상했지만 어쩔 수 없었어요.

그로부터 한참이 지난 어느 무더운 날, 토끼가 집으로 가고 있었어요. 그런데 너무 더워 잠시 쉬려고 하는데 바오바브나무를 보게 되었지요.

"안녕하세요? 바오바브님! 잠시 쉬었다가도 될까요?"

"물론이지! 편히 쉬다가 천천히 가렴."

토끼는 바오바브나무에 기대어 앉아 땀을 닦았어요.

"이야, 나무가 크니 그늘도 커서 시원하고 좋아요."

바보바브나무는 오랜만에 들어보는 칭찬에 기분이 좋아졌어요.

"하하하. 내 그늘이 너를 편안하게 만들었구나. 그렇다면 더욱 기분 좋게 해주마."

바오바브나무는 잘 익은 열매 하나를 토끼 발아래 툭 떨어뜨려 주었어요.

"우와, 이렇게 맛좋은 열매는 처음 먹어봐요. 정말 최고예요!"

"하하하. 그래? 네게 더 멋진 걸 보여주마."

바오바브나무는 으스대며 토끼가 들어올 수 있도록 줄기 밑동 사이를 벌렸어요.

"토끼야, 이 속으로 들어오렴."

안쪽으로 들어간 토끼의 눈은 더욱 동그랗고 빨개졌지요.

"우와~ 바보바브님, 이게 다 뭐예요? 신기한 것들이 너무 많아요!"

바오바브나무 밑동 속에는 커다란 방이 있는데 놀랍게도 그 안에 온갖 귀한 보물들이 가득 들어 있었거든요.

"토끼야, 마음에 드는 것을 골라 보아라."

"네? 시원한 그늘에서 쉬게 해 주시고, 맛좋은 열매도 주셨는데, 보물까지 주시다니요. 저는 괜찮습니다."
 "하하하. 나에게는 별로 필요없는 것들이니 갖고 싶은 만큼 가져가렴."
 "그렇다면 오늘 가져간 것들은 제가 사는 친구들과 나누어 가지겠습니다. 정말 감사합니다!"
 집으로 돌아온 토끼는 숲 속의 친구들에게 보물을 나눠준 것은 물론 마음씨 좋은 바오바브나무 이야기를 들려주었지요.

"그래? 으리으리하게 크기만 한 나무인 줄 알았더니 그 속에 보물이 들어있었구나!"
"보물이 감춰져 있는 나무라니 근사한걸."
동물들은 도란도란 모여앉아 바오바브나무 이야기에 빠져 있었어요.
하지만 한쪽에서 이 이야기를 듣고 있던 하이에나는 토끼를 비웃었지요.
'바보 토끼로군! 갖고 싶은 만큼 가져가라고 했는데 고작 저만큼만 들고 오다니!'
하이에나는 숲 속에서 심술궂고, 욕심 많기로 유명했거든요.
'안 되겠다. 당장 가서 그 보물들을 몽땅 가져와야겠어. 어차피 바보바브나무에게는 보물이 아무 쓸모 없잖아. 음, 그런데 어떻게 그 보물들을 모두 가져올 수 있을까?'
하이에나는 골똘히 생각해 보았어요. 그러다가 갑자기 무릎을 탁 치며 빙그레 웃었지요. 보물에 탐이 난 하이에나는 토끼가 말한 그 바오바브나무를 찾아갔어요. 그리고는 토끼와 똑같이 행동했지요.
"우와, 이 나무 그늘은 정말 최고인걸!"
또다시 기분이 좋아진 바오바브나무는 잘 익은 열매를 하이에나 발아래 떨어뜨려 주었지요.
"우와, 정말 꿀맛이에요. 이렇게 달콤한 열매는 처음 먹어봐요."
바오바브나무는 토끼에게 한 것처럼 하이에나에게도 줄기 밑동 사이로 들어오라고 했어요.
하이에나는 심장이 멎을 만큼 깜짝 놀랐지요.
그리고는 그 많은 보물을 모두 자기가 가져갈 방법을 실천해보기로 했어요.
"바오바브님, 이렇게 좋은 구경을 시켜주셔서 감사합니다. 그 보답으로 저도 제가 사는 집을 보여드리고 싶습니다. 힘드실 테니 제 등에 업히세요. 제가 업고 가도록 하겠습니다."
'뭐라고? 이렇게 큰 나를 업겠다고? 이 녀석, 도대체 무슨 꿍꿍이가 있는 걸까? 하지만 일단 업혀보자!'

바오바브나무는 하이에나의 등에 냉큼 올라탔어요.

하이에나가 짐작했던 것보다 훨씬 무겁기는 했지만 보물들이 다 자기 것이 된다고 생각하니 기쁜 마음에 꾹 참고 한 발짝 한 발짝 앞으로 걸어갔어요.

마을을 지나고, 호수를 지나고……

저 멀리 집이 보이자 하이에나는 젖 먹던 힘까지 다해서 걸었어요.

"바오바브님, 어서 내리세요. 드디어 제집에 왔습니다. 어휴, 힘들어."

겨우겨우 하이에나의 집에 도착했지만 바오바브나무는 등에서 내리지 않았어요.

"여기가 너희 집이라고? 별로 구경할 것도 없군! 에이, 이제 피곤하구나. 나를 다시 내가 사는 초원으로 데려다 다오. 빨리!"

"네? 벌써요? 그럼 보물만이라도 제집에 놓고 가시면 어떨까요? 너무 무거워서요. 네?"

하지만 바오바브나무는 꿈쩍도 하지 않았지요.

어쩔 수 없이 하이에나는 낑낑대며 다시 원래 자리로 돌아가야만 했어요.

호수를 지나고, 마을을 지나고……

하이에나는 비 오듯 흐르는 땀을 닦으며 간절히 말했어요.

"바오바브님, 드디어 원래 계시던 자리로 돌아왔습니다. 제 등에 업혀 세상구경을 하셨으니 제게 보물을 좀 나눠주세요. 네?"

"하이에나 네 이놈! 내가 네 속을 모를 줄 아느냐? 너희 집에 데려간 것은 내 보물이 탐나서 그랬던 것이 아니냐?"

"무슨 말씀이세요? 절대 아닙니다! 제가 바오바브님을 업고 다니느라 얼마나 힘이 들었게요? 아주 쬐끔만 가져갈게요."

"네 이놈, 너처럼 욕심 많은 녀석은 벌을 받아야 해!"하고는 하이에나를 뻥 차서 뒷다리를 짧게 만들어 버렸어요.

뒷다리가 앞다리보다 짧아진 하이에나는 그때부터 등을 펼 수 없게 되었답니다.
쯧쯧쯧

사우보나 Sawubona, 남아프리카 공화국

💎 27년간 죄수였는데 대통령이 되었다고요? 💎

남아프리카공화국은 아프리카 대륙의 가장 남쪽에 위치해요. 인도양과 대서양을 접하고 있으며 사람들이 많이 사는 해안가는 날씨가 온화하고 자연환경이 아름다워요. 그래서 관광지로도 유명하지요. 또 세계에서 금을 가장 많이 생산하고 있으며 다이아몬드도 많이 매장되어 있어 풍부한 지하자원을 가진 '보물섬' 같은 나라예요.

남아프리카공화국에는 흑인이 가장 많고, 그다음이 백인, 또 '컬러드(Coloured)'라 불리는 혼혈인, 그 밖에 중국·인도인 등 다양한 인종이 함께 살고 있어요. 흑인은 또 여러 부족으로 나뉘는데 각각의 고유 언어가 있지요. 그래서 영어를 포함하여 공식으로 사용하는 공용어만 무려 11개가 있고, 생활 풍습도 각기 달라요. 여러 인종과 언어, 종교 등으로 복잡할 수 있지만 그런 가운데 조화를 이루어가면서도 각각의 개성이 존중되어 '무지개의 나라'라고 불리고 있어요. 그런데 사실 남아프리카공화국에서는 오랫동안 백인이 유색인(흑인종, 황인종)을 심하게 차별했어요. 백인과 유색인의 사는 곳도 달리했고, 유색인은 선거에도 참여할 수 없었지요. 즉 '따로따로'란 뜻의 '아파르트헤이트 정책(Apartheid, 인종격리정책)'을 펼쳤던 거예요. 이 정책을 앞장서서 반대한 사람이 바로 '넬슨 만델라(Nelson Mandela, 1918~2013)'예요. 그래서 무려 27년 6개월 동안이나 감옥에 갇혀 지내야만 했지요. 하지만 흑인들의 저항이 거세지고, 국제 사회의 비난이 일자 넬슨 만델라를 석방할 수밖에 없었어요. 1993년 클레르크 대통령과 함께 노벨 평화상을 받았으며, 최초로 흑인도 참여한 자유총선거로 구성된 다인종 의회에서 대통령으로 선출되었어요. 아파르트헤이트를 종결시켰으며 평화로운 세상을 만들기 위해 끝없이 노력했던 만델라는 세계인의 존경을 받고 있답니다.

바오바브나무와 펭귄, 참으로 안 어울리네~

《어린 왕자》에도 나오는 바오바브나무는 뿌리가 하늘을 향해 뻗어 있는 모양으로 세계에서 가장 크고 오래 사는 나무에요. 또 열매, 잎사귀, 나무껍질 등 다양하게 활용할 수 있어서 '생명의 나무'라고 불리지요. 그래서 사람들은 예로부터 이 나무를 신성하게 여겼으며, 워낙 커서 구멍을 뚫고 사람이 들어가 살기도 했어요. 이처럼 남아프리카공화국에는 어마어마한 크기의 바오바브나무도 살고 있지만 남극이나 북극처럼 얼음이 둥둥 떠다니는 곳에만 살 것 같은 펭귄도 함께 살고 있지요. 바로 '자카스펭귄(Jackass penguin)'이에요. 케이프타운 동부 해변에 가면 뜻밖에도 작고 귀여운 펭귄들이 옹기종기 살고 있어요. 자카스펭귄은 머리 양 옆에 예쁜 흰 띠가 있고 부리가 날카로우며 수영 솜씨가 뛰어나지요. 펭귄의 별명이 '남극의 신사'여서 추운 곳에만 살고 있다고 생각하기 쉽지만 이처럼 더운 곳에 사는 펭귄도 있답니다.

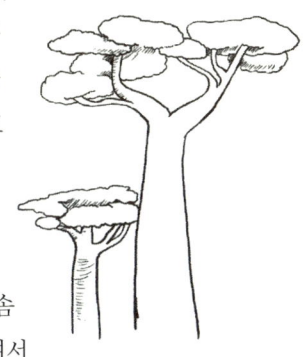

부~부~, 너무 시끄러워 집중이 안돼요!

2010년 남아프리카공화국에서 열린 월드컵축구대회에서는 특이한 응원 도구가 등장했어요. 바로 남아프리카공화국의 전통 악기 '부부젤라(vuvuzela)'였지요. '레파타타(lepatata)'라고도 불리는데 입으로 불어서 소리를 내는 나팔 모양의 악기에요. 옛날에는 전쟁터에 나가는 병사들의 사기를 끌어올리기 위해 사용했다고 해요. 어쨌든 부부젤라는 피리나 트럼펫처럼 다양한 음악 소리가 나오는 것이 아니라 단순히 '부~ 부~'하는 소리만 났어요. 게다가 그 소리가 어찌나 큰지 축구를 하는 선수들이나 다른 나라 응원단에서는 자기 팀 경기에 집중할 수 없었지요. 그래서 심판에게 항의하기도 했어요. 기차가 지나가는 소리보다 크고, 항공기가 이륙할 때와 비슷할 정도의 큰 소리를 낸다고 하니 정말 대단하지요? 그 엄청난 소리로 인해 부부젤라는 전 세계적으로 화제가 되었답니다.

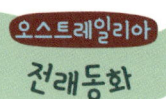

아기주머니가 생긴 캥거루

오스트레일리아, Australia

멀고 먼 옛날, 오스트레일리아에 살고 있던 캥거루는 지금의 모습이 아니었대요. 원래 캥거루도 보통의 다른 동물들처럼 네 발로 걸어 다녔지요.

그럼 어떻게 지금처럼 긴 꼬리와 튼튼한 뒷다리, 그리고 아기주머니가 생기게 되었는지 알아볼까요?

모든 캥거루가 네 발로 걷던 시절, 오스트레일리아의 넓은 초원에 장난꾸러기 캥거루가 살고 있었어요. 뭐든 궁금한 게 있으면 꼭 직접 해봐야 직성이 풀리는 호기심 많은 캥거루였지요.

어느 무더운 여름날, 캥거루가 유칼립투스 나무 그늘에 누워 쉬고 있었는데 어디선가 흥겨운 북소리가 들려왔어요.

둥둥둥, 두구둥둥, 두구두구둥둥둥……
덩달아 캥거루의 어깨는 들썩들썩, 엉덩이도 씰룩씰룩거리기 시작했지요.
'어디서 이렇게 신나는 소리가 나는 거지?'
캥거루는 궁금함을 참을 수 없어서 북소리가 나는 쪽으로 가보았어요.
그랬더니 여러 사람이 둥그렇게 모여서 북소리에 맞춰 노래를 부르며 덩실덩실 춤도 추고 있는 게 아니겠어요?
'이야~ 보기만 해도 너무 신나는 걸! 나도 사람들처럼 춤춰 봐야지.'
캥거루도 춤을 추려고 했으나 일단 춤을 추려면 두 발로 서야만 했지요. 하지만 두 발로 선다는 건 생각보다 매우 힘들었어요.
'아휴, 사람들처럼 두 발로 서는 건 진짜 어려운데? 어떻게 하면 되지? 그래, 일단 앞발을 들어야 하는구나. 어렵지만 자꾸 연습하면 될 거야!'

캥거루는 긴 꼬리에 힘을 바짝 주었어요. 그랬더니 몸에 중심이 잡히며 넘어지지 않는 거예요.

"야호! 그래, 꼬리로 버티면 되겠어. 두 발로 서보니 네 발로 서 있을 때보다 키도 훨씬 커지고, 재밌는걸! 친구들이 나를 보면 깜짝 놀라겠지? 하하하."

친구들에게 두 발로 서서 춤추는 자기 모습을 보여주겠다고 생각하니 더 흥이 났어요.

그런데 이 모습을 북을 치던 마을 사람이 보았어요.

'에구머니나! 동물이 춤을 추다니! 이건 보통 일이 아니야. 당장 북을 멈춰야겠어!'

한 사람이 북 치는 것을 멈추자 모두 눈치를 채고 춤과 노래를 멈췄어요.

하지만 아무것도 모르는 캥거루는 여전히 꼬리에 힘을 바짝 주고 서서는 빙글빙글 돌며 열심히 춤을 추고 있었어요. 한참을 추다가 조용해진 것을 느낀 캥거루가 정신을 차리고 주위를 둘러보았어요. 그랬더니 거기에 있던 모든 사람이 엎드려 바닥에 고개를 숙이고 있는 거예요.

그때 마을의 추장님께서 큰소리로 말씀하셨어요.

"하늘에서 우리에게 보내주신 동물이다! 모두 예의를 갖춰 인사를 해라!"

그러자 모든 사람이 손을 하늘로 향했다가 아래로 내리며 머리가 땅에 닿도록 큰절을 했어요. 그 광경을 본 캥거루가 쑥스러워하며 웃었지요.

"하하하. 왜들 이러세요? 저는 초원에 사는 그냥 평범한 캥거루일 뿐이에요. 여러분들이 춤추는 모습이 하도 즐거워 보여서 따라 한 것뿐이랍니다. 어서 일어나세요."

그러자 마을 사람들도 긴장을 풀며 캥거루에게 다가왔어요. 그리고는 캥거루 얼굴에 사람들처럼 알록달록 그림을 그려주고, 꽃목걸이도 걸어 주었지요.

캥거루는 사람들과 함께 날이 하얗게 밝을 때까지 어깨동무하고 신나게 노래하며 춤을 추었어요.

그날부터 음악 소리가 나는 밤이면 캥거루는 어김없이 마을로 가서 사람들과 함께 어울리며 흥겨운 시간을 보냈어요.

어느 날, 두 발로 서서 걷는 캥거루를 보자 친구들은 모두 어리둥절했어요.

"캥거루야, 도대체 어떻게 된 거야? 지금 네가 두 발로 서 있는 거야?"

"이야~ 대단한걸! 어떻게 하면 그렇게 사람처럼 두 발로 서서 걸을 수 있지?"

다른 동물들도 부러워서 따라 해보려고 했지만 잘되지 않았어요.

"그렇게 쉬운 게 아니야. 나도 처음부터 된 것은 물론 아니고……. 하지만 노력하면 된단다."

그때부터 캥거루의 친구들도 열심히 연습하여 두 발로 서서 걷게 되었고, 장난꾸러기 캥거루는 두 발로 서는 것은 물론 하늘 높이 점프도 할 수 있게 되었지요.

세월이 흘러 캥거루도 이제 새끼를 낳아 엄마 캥거루가 되었어요.

낮이면 유칼립투스 나무 그늘에서 아기 캥거루와 장난치며 평화롭게 보냈지요.

낮잠을 즐기던 어느 날, 늙은 웜뱃(코알라, 오소리와 비슷하게 생긴 동물) 한 마리가 다가와 말했어요.

"에휴~ 난 이제 너무 늙어서 눈이 잘 보이지 않아 먹이를 찾기도 힘들고, 자꾸 넘어진다네. 나를 좀 도와주겠나?"

"그럼요, 웜뱃 할아버지! 걱정하지 마세요. 제 꼬리를 단단히 잡으세요."

캥거루는 웜뱃에게 자기 꼬리를 잡게 한 다음 싱싱한 풀과 시원한 물이 있는 곳으로 천천히 모시고 갔어요.

"여기서 맛있게 드시고 계세요. 아기 캥거루가 자고 있어서 두고 왔더니 걱정이 되네요. 어서 가서 아기를 데리고 올 테니 잠시만 기다리세요."

캥거루가 낮잠 자는 아기 캥거루를 데리러 가고 있는데 멀리서 사냥꾼이 보였어요.

험상궂게 생긴 사냥꾼은 웜뱃을 죽이려고 긴 창을 던지려 하고 있었지요.

"아, 안돼! 웜뱃 할아버지, 빨리 피하세요! 사냥꾼이 나타났어요!"

그 소리에 놀란 웜뱃은 겨우 피할 수 있었어요. 하지만 화가 난 사냥꾼이 아기 캥거루를 해치려고 달려왔지요.

캥거루는 있는 힘을 다해 아기 캥거루를 안고 뛰었어요. 사냥꾼이 쫓아올 수 없도록 동굴 속으로 피해서 겨우 살 수 있었지요.

'이제 아기 캥거루를 혼자 두는 것은 너무 위험하겠어! 어떻게 하지?'

고민하고 있던 캥거루에게 웜뱃이 나타났어요.

사실 웜뱃은 '하늘에 사는 동물 신'이었는데, 착한 일을 하는 동물에게 선물하려고 땅에 잠시 내려왔던 거예요. 캥거루의 고민을 알게 된 웜뱃은 유칼립투스 줄기로 앞치마를 만들어 주었어요. 그 앞치마를 허리에 두르자 스르륵 부드러운 캥거루 털로 덮이며 주머니가 되었지요.

"귀여운 우리 아기! 이제부터 엄마 배에서 지내렴!"

그때부터 캥거루의 배에는 아기 주머니가 생겨 새끼들을 따뜻하고, 안전하게 보호할 수 있게 되었답니다.

여기서 잠깐, '캥거루'의 이름은 왜 그렇게 지었을까요?

아기 주머니가 달린 캥거루의 모습을 처음 본 사람이 원주민에게 이름이 무어냐고 묻자, '캥거루~'라고 말했대요. 그런데 '캥거루'란 원주민 말로 '나도 모른다!'는 뜻이라는군요. 재미나지요?

그다이 마잇
G'Day Mate
오스트레일리아

🐨 한여름의 크리스마스, 산타클로스가 수영복을? 🐨

오스트레일리아에서 살았던 원주민은 '애버리진(Aborigine)'으로 세계에서 가장 오래된 부족으로 알려져 있어요. 초승달을 닮은 무기 '부메랑(boomerang)'은 애버리진이 작은 짐승을 사냥할 때 썼는데 한쪽을 잡고 던지면 날아가다가 원을 그리고 제자리로 돌아오지요. 또 '디저리두(didgeridoo)'라는 긴 원통형의 나팔처럼 보이는 전통 악기도 있어요. 원래는 흰개미들이 파먹어 속이 빈 유칼립투스 나무로 만들었으며 악기가 길어서 소리내기가 굉장히 힘들지만 호흡을 조절하여 불면 매력적인 저음이 나오지요. 이처럼 그들만의 문화와 전통을 지키며 자유롭게 살고 있었는데 17세기 유럽인들이 이곳에 들어오기 시작했어요. 그 후 감옥이 부족했던 영국에서 이곳에 죄수들을 보냈으나 금광이 발견되자 이민을 오는 사람들이 급격하게 늘어났지요. 오랜 세월 영국의 식민지였다가 1901년 독립하여 현재는 6개의 자치주와 2개의 특별구로 이루어져 있으며 각주는 하나의 독립된 국가처럼 강력한 자치권을 가지고 있어요.

오스트레일리아는 국토가 넓은 만큼 다양한 기후를 나타내요. 대륙의 중앙을 비롯한 대부분 지역이 건조한 사막이어서 사람들은 따뜻하고 살기 좋은 동쪽의 해안선을 따라 주로 살고 있지요. 적도의 남쪽에 위치해서 우리가 사는 북반구에 있는 나라와는 계절이 정반대에요. 그래서 우리는 눈 오는 겨울에 루돌프가 이끄는 썰매를 타고 오는 산타클로스가 친근하지만 오스트레일리아에서는 크리스마스가 한여름으로 가장 더울 때이지요. 이곳에 도착한 산타클로스는 너무 더워 빨간 털옷 대신 수영복을 입고 해수욕을 즐기지는 않을까요?^^

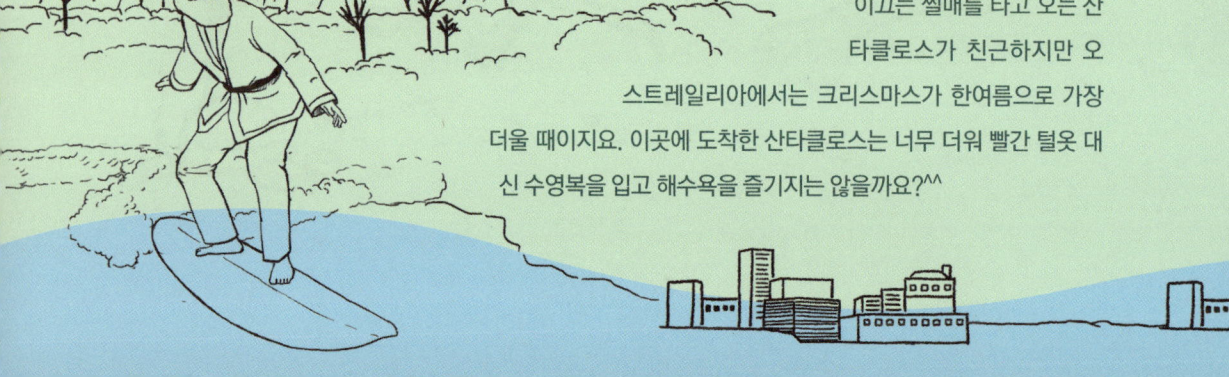

우린 오스트레일리아에서만 산단다!

오스트레일리아는 다른 대륙과 연결이 되지 않아 독자적으로 진화했기 때문에 세계 어디에서도 볼 수 없는 독특하고 다양한 생물들이 살고 있어요. 대표적으로 태어나자마자 어미의 주머니로 기어 올라가 젖을 먹으며 자라는 '캥거루'가 있고, 평생 물을 먹지 않으며 유칼립투스 나무에서만 살면서 하루에 20시간 이상을 자는 잠꾸러기 '코알라'도 있지요. 타조 다음으로 크지만 날개가 퇴화되어 날지 못하고 목이 쉰 듯 특이한 울음소리를 내는 '에뮤'가 있어요. 또 배에 새끼주머니의 흔적이 남아 있으며 강한 발톱과 튼튼한 앞니로 풀이나 땅 속 줄기를 먹고 사는 땅딸막한 '웜뱃'도 있지요. 새끼에게 젖을 먹이는 포유류이지만 특이하게도 알을 낳으며 주둥이가 오리처럼 생긴 '오리너구리'가 있고, 이 밖에도 세상에서 가장 작은 펭귄으로 동굴 안에서 사는 '페어리 펭귄', 오스트레일리아 들개라고 불리는 '딩고', 사람의 웃음소리와 비슷한 소리는 내는 것으로 유명한 '쿠카부라(=웃음물총새)' 등이 있답니다.

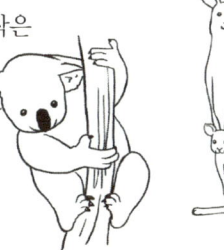

조개껍데기? 돛단배? 잘라 놓은 오렌지? 도대체 뭐?

오스트레일리아의 항구 도시 시드니에 가면 세계에서 가장 아름다운 건축물 가운데 하나인 '오페라 하우스(Opera House)'가 있어요. 하늘과 땅 어느 각도에서 보아도 전체적인 모습이 다 보이도록 설계되었다고 해요. 오페라 하우스는 보는 사람에 따라 하얀 조개껍데기 또는 하얀 돛을 펼친 돛단배가 떠 있는 것 같은 모습이라고 하지요. 그렇지만 오페라 하우스를 설계한 덴마크의 건축가 '요른 웃손(Jørn Utzon, 1918~2008)'은 오렌지 껍질을 벗기던 도중에 잘라 놓은 오렌지 조각에서 힌트를 얻어 디자인한 것이라고 해요.

오페라 하우스는 세계 최고 수준의 음향 시설과 세계에서 제일 큰 파이프 오르간이 있는 것으로 유명하며 음악당, 전시장, 극장, 도서관 등이 있는 복합 문화 공간이에요. 이곳에서는 오페라, 연극, 발레, 코미디, 어린이 쇼 등 매년 수천 개의 공연이 펼쳐지지요. 또 해마다 1월 1일 자정이 되면 세계에서 가장 큰 규모의 새해맞이 불꽃놀이가 화려하게 펼쳐진답니다.

가장 사랑받는 키위새

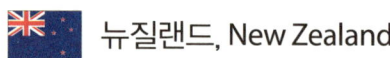

뉴질랜드, New Zealand

　옛날 아주 먼 옛날, 뉴질랜드는 여러 신이 힘을 합쳐 하늘과 땅, 바다, 숲을 다스렸어요.
　그중에는 나무를 돌보는 '타네마후카'라는 아름다운 여신도 있었지요.
　어느 날, 타네마후카는 숲에 있는 나무와 꽃들이 잘 자라고 있나 살피러 땅에 내려왔어요. 쭉쭉 뻗은 나무들이 잘 자라고 있었지요. 숲을 거닐며 싱그러운 숲의 냄새를 맡으니 기분도 좋아졌어요. 그런데 어디선가 흐느끼는 소리가 들렸어요.
　"흑흑흑, 흑흑흑"
　"아니, 이게 무슨 소리지? 도대체 누가 울고 있는 것이냐?"
　"타네마후카님, 저예요. 여기 좀 봐 주세요. 벌레들이 우글우글 모여들어 우리를 다

파먹고 있어요. 아파서 눈물이 나요. 흑흑흑."

타네마후카는 깜짝 놀랐지요.

"어머나 세상에! 이런 일이 있었구나. 얘들아, 조금만 기다려다오! 내가 어떻게든 해결해 보마."

타네마후카는 새를 다스리는 동생에게 달려갔어요.

"동생아, 지금 나의 소중한 나무와 꽃들이 벌레 때문에 죽어가고 있단다. 그 벌레들을

잡을 수 있는 것은 새들밖에 없구나. 어서 새들에게 부탁해다오!"

"걱정 마세요, 누님! 제가 새들에게 말해서 당장 숲 속에 나무를 괴롭히는 벌레들을 모두 잡아먹으라고 하겠습니다."

새를 다스리는 신은 모든 새를 모아놓고, 큰 소리로 말하기 시작했어요.

"새들은 모두 모였느냐? 지금 숲에서 벌레들이 우리의 소중한 나무들을 갉아 먹고 있다는구나. 어서 가서 구해주어야 하지 않겠느냐?"

새들은 당연히 나무를 갉아 먹는 벌레들을 없애야 한다고 생각했지만 자기가 하기는 싫었어요. 그래서 서로 눈치만 보며 아무도 선뜻 나서지 않았지요.

"아니, 지금 나무들이 고통을 받고 있다는데 걱정도 안 되느냐? 누가 먼저 가겠느냐?"

그래도 새들은 고개를 푹 숙이고 곁눈질로 다른 새들만 쳐다봤어요. 지금 여기서 사는 것이 좋아서 아무도 땅에 내려가고 싶지 않았거든요.

답답해진 새를 다스리는 신은 먼저 비둘기에게 물었어요.

"비둘기야, 네가 벌레를 잘 잡으니 내려가겠느냐?"

"아이고, 죄송합니다. 저는 숲이 어두워 너무 무섭답니다. 어둡고 무서운 곳은 딱 질색이거든요. 그래서 못 가겠나이다!"

어쩔 수 없이 이번에는 쇠물닭에게 물었어요.

"쇠물닭아, 너는 씩씩하니 네가 숲으로 가겠느냐?" "저는 비둘기처럼 겁쟁이가 아니니 무섭지는 않은데 숲이 축축해서 발이 젖는 게 싫습니다. 제가 감기에 잘 걸리거든요. 그래서 못 가겠나이다!"

그러자 새를 다스리는 신은 화를 참으며 이번에는 뻐꾸기에게 물었어요.

"뻐꾸기야, 너는 발이 작으니 네가 숲으로 가겠느냐?"

"신이시여, 저는 지금 새끼들을 위해 둥지를 짓고 있어 몹시 바쁩니다. 어미인 제가 둥지를 포기할 수는 없지 않겠습니까? 그래서 못 가겠나이다!"

새를 다스리는 신은 정말 화가 났어요.

"벌레들 때문에 나무들이 죽어 숲이 사라지게 되면 너희 새들도 갈 곳이 없어지는 걸 왜 모른단 말이냐?"

옆에 있던 타네마후카도 새들을 탓할 수 없지만 마음이 아팠어요.

'이를 어쩌나? 빨리 벌레를 잡지 않으면 나무들이 다 죽어버릴 텐데······.'

그때 조용히 한쪽에 자리하고 있던 키위새가 나섰어요.

"제가 숲으로 가겠나이다."

눈을 반짝이며 결심한 듯 말해주는 키위새가 신들은 매우 고마웠어요.

그렇지만 벌레를 계속 잡게 될 경우 앞으로 키위새의 모습이 어떻게 변하게 될지 미리 이야기해 주어야 할 것만 같았지요.

"키위새야, 네가 그렇게 이야기해주니 진심으로 고맙구나. 하지만 숲으로 가서 벌레를 잡다 보면 네 모습이 변하게 될 거야. 그래도 괜찮겠느냐?"

"네, 상관없습니다. 제가 변하게 될 앞으로의 모습을 말씀해 주세요."

타네마후카는 천천히 말을 이어갔어요.

"벌레를 잡으려면 날기보다는 나무에 붙어 있어야 하니 자꾸 발을 써서 걸어 다녀야 한단다. 그래서 날개를 쓰지 않게 되니 멋진 날개는 작아져서 앞으로는 날 수 없을지도 모르지. 또 길고 날씬한 네 다리는 굵어질 것이고, 작은 벌레들만 보게 되니 반짝반짝 빛나는 예쁜 눈도 점점 작아질 거야. 게다가 귀여운 부리도 벌레를 쪼아대느라 쭉 늘어나게 될 것 같구나. 나는 변한 네 모습을 보면 속이 상할 것 같구나."

키위새는 잠시 옆에 있는 아름다운 새들을 보며 눈빛이 흔들렸어요. 하지만 이내 결심을 굳힌 듯 또박또박 말을 했지요.

"네, 괜찮습니다. 그래도 제가 숲으로 가겠습니다. 물론 지금의 제 모습을 간직하면 더 좋겠지만 나무를 살리는 게 우선이니까요. 나무가 있어야 저를 비롯한 우리 새들도 살 수 있지 않겠습니까? 나무와 새, 또 많은 동물을 위해 건강한 숲이 필요합니다. 제가 어서 가서 나쁜 벌레들을 모두 잡겠습니다."

신들은 키위새의 말에 다시 한 번 감동했어요.

그 자리에 있던 모든 새가 키위새를 칭찬했어요. 그러나 속마음은 달랐어요.

'키위새는 정말 훌륭해! 하지만 모습이 밉게 변한다니 내가 가지 않게 된 것은 진짜 다행스러운 일이야! 휴~'

새를 다스리는 신은 자신의 명령을 거역하며 숲에 내려가지 않겠다고 한 새들에게는 벌을 내려야 한다고 생각했지요.

이번에는 아까보다 더 큰 목소리로 말했어요.

"비둘기야, 너에게는 어떤 벌을 줄까?"

"신이시여, 저는 무서워서 그랬습니다. 용서해 주세요."

"너는 아름다운 숲이 무섭다고 했으니 '겁쟁이'라는 표시로 네 목에 흰 깃털을 심어 주겠다."

"쇠물닭아, 너에게는 어떤 벌이 적당할까?"

"오, 안됩니다. 저는 감기에 잘 걸려서 그렇습니다. 콜록콜록!"

"너는 축축한 게 싫다고 했으니 앞으로는 수풀이 우거져 어둡고 칙칙한 늪에서만 살게 될 것이다."

"뻐꾸기야, 너는 둥지를 짓느라 바쁘다고 했으니 앞으로 너희 새끼들은 남의 둥지에서 크게 될 것이다!"

마지막으로 키위 새에게 말했어요.

"키위새야, 새이지만 날지도 못하게 될 너의 희생으로 우리 숲이 건강하게 될 터이니 너는 앞으로 영원토록 뉴질랜드에서 가장 사랑받는 새가 될 것이다!"

키아오라 Kia Ora, 뉴질랜드

 하얗고 긴 구름의 땅!

남태평양의 서쪽에 있는 섬나라인 뉴질랜드는 좁은 쿡해협을 사이에 두고 북섬과 남섬, 이렇게 두 개의 큰 섬과 여러 개의 작은 섬으로 이루어져 있어요. 북섬은 화산 활동으로 만들어졌는데 아직도 화산재를 뿜어내고 있는 화산들이 곳곳에 있고, 남섬은 남극 대륙에서 떨어져 나왔기 때문에 빙하와 호수가 많이 있어 '뜨거운 화산과 차가운 빙하의 나라'라고 하지요. 사계절이 뚜렷하고 따뜻한 편이지만 남반구에 위치해 우리나라와는 계절이 정반대예요. 오스트레일리아와 마찬가지로 양을 키우기에 적합해서 양모의 품질이 좋으며 양고기는 물론 낙농 가공품인 분유, 버터, 치즈 등을 주로 수출하지요. 뉴질랜드는 마오리 말로 '아오테아로아(Ao Tea Roa)'라고 불렸는데 이 말은 '하얗고 긴 구름의 땅'이라는 예쁜 뜻이에요. 깨끗한 자연을 간직하고 있어 세계에서 가장 살기 좋은 나라 중 하나로 손꼽히고 있지요.

뉴질랜드에는 여러 가지 '키위'가 있어요. 우선 '키위새'는 뉴질랜드를 상징하는 새로 가늘고 긴 부리로 벌레를 잡아먹으며 숲에서 살지만 날개가 퇴화되어 날지 못해요. 뉴질랜드의 1달러짜리 동전에도 키위새가 그려져 있지요. 또 뉴질랜드에서 많이 재배되는 '과일 키위'가 있는데 키위새의 짙은 갈색 털과 웅크린 모습이 닮았다고 해서 붙여진 이름이에요. 그리고 뉴질랜드에 사는 영국계 백인들이 스스로를 '키위'라는 애칭으로 부르고 있어요. 키위새는 알을 품고 새끼를 키우는 일을 수컷이 하는데 뉴질랜드 남자들도 결혼하면 아이를 돌보며 가정일을 주로 하기 때문에 '키위 아빠'라고 부른답니다. 정말 다양한 키위가 있지요?

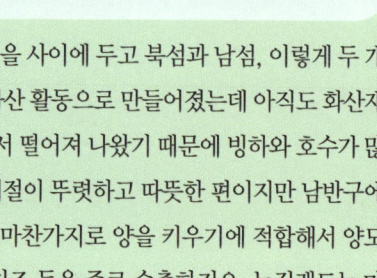

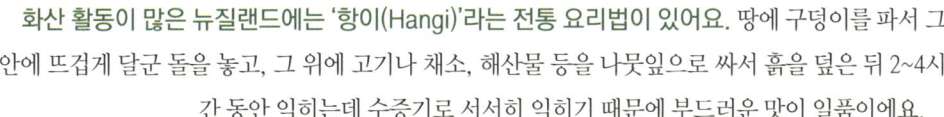

정답게 코를 맞대며 인사하자구나~

화산 활동이 많은 뉴질랜드에는 '항이(Hangi)'라는 전통 요리법이 있어요. 땅에 구덩이를 파서 그 안에 뜨겁게 달군 돌을 놓고, 그 위에 고기나 채소, 해산물 등을 나뭇잎으로 싸서 흙을 덮은 뒤 2~4시간 동안 익히는데 수증기로 서서히 익히기 때문에 부드러운 맛이 일품이에요.

뉴질랜드의 원주민인 마오리 족은 구릿빛 피부와 요란한 문신 때문에 강하고 무서워 보이지만 사실 '마오리'는 '평범한 사람'이라는 뜻이에요. 마오리 족은 매우 정교한 문신을 하는데 지위가 높은 사람일수록 얼굴 전체를 빈틈없이 문신한다고 해요. 마오리 족은 서로 마주 보고 코를 살짝 두 번 맞대며 인사를 하는데 '홍이(Hongi)'라고 불리는 인사법이에요. 대자연 속에서 살아가는 이들은 나무, 풀, 바위 등 모든 것에 영혼이 있다고 믿었고, 사람의 숨결에도 영혼이 있다고 믿었어요. 그래서 코를 비비면 서로의 숨결을 나눌 수 있게 되어 영혼끼리도 만나 '나는 당신과 하나입니다.'라는 메시지를 전달하는 전통인사랍니다.

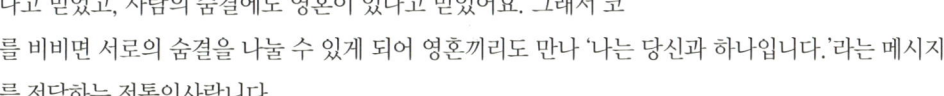

까만 운동복을 입은 남자들이 하카를 춘다?

뉴질랜드에서 가장 인기 있는 스포츠는 '럭비'에요. 럭비 국가 대표 팀의 이름이 '올블랙(All Black)'인데 유니폼이 티, 바지, 양말까지 모두 검은색이기 때문에 붙여진 이름이에요. 올블랙 경기가 있는 날은 응원하러 온 관중들도 검은색 옷으로 맞춰 입기도 해요.

'하카(Haka)'는 마오리 족 전사들이 전쟁에 나가기 전에 승리를 기원하면서 치르던 의식이에요. 눈을 부릅뜨고 혀를 길게 내밀고는 손으로 가슴을 치며 다리를 벌리고 서서 발로 바닥을 탕탕 구르며 힘차게 노래하기 때문에 상대방을 위협하는 듯이 보이기도 하지만 상대를 약 올리는 것 같은 장난스러운 느낌도 받아요. 하지만 사실 마오리 족끼리 만났을 때는 '당신들을 공격하지 않겠다.'는 의미이고, 요즘은 손님을 환영할 때 여자들과 아이들도 하카를 춘다고 해요. 하카는 뉴질랜드의 정신과 혼이 담겨 있다고 해서 많이 배우고 있으며 럭비 국가대표 팀 올블랙이 경기 전에 하카를 추기 때문에 더욱 유명해졌답니다.